¡Ssssssh hhhhhhhhhh!

Haz del teatro algo íntimo

Llévalo siempre en el bolsillo

Cubierta y diseño editorial: Éride, Diseño Gráfico
Dirección editorial: ángel jiménez

Primera edición: marzo, 2025

Casandra
© VdB, 2025
Espronceda, 5
28003 Madrid

VdB

ISBN: 979-13-87644-12-3
Depósito Legal: M-6282-2025
Diseño y preimpresión: Éride, Diseño Gráfico

Este libro protege el entorno

Casandra

Drama en cuatro actos

Benito Pérez Galdós
Las Palmas de Gran Canaria,1843
† Madrid, 1920.

Novelista, dramaturgo, cronista y político español. En Madrid transcurrió su vida, con estancias dilatadas en Santander y no pocos viajes por España y Europa. Su trayectoria exterior e íntima lo llevó —en completa armonía— al periodismo, a concebir el proyecto de los *Episodios Nacionales*, a reconstruir la sociedad de su tiempo en la amplitud de sus novelas, a entrar de lleno en la actividad teatral, y aún a comprometerse en la política activa. Siempre se sintió como un testigo; pero también como un intelectual y como un ideólogo que cree en el poder pedagógico-social de la literatura. «Ars, Natura, Veritas» fue su lema; es decir, realismo artístico como programa global. Murió rodeado del calor popular.

Académico de la Real Academia Española desde 1897 fue un hombre de gran cultura; un lector ávido de los clásicos y de la literatura europea de su época; un amante de las artes… pero, sobre todo, un hombre de su tiempo en cuya problemática se involucró sin tapujos; directamente, o a través de la literatura. Escribió teatro antes que novela y nunca olvidó la cuestión teatral en sus artículos críticos. En 1892 subió a los escenarios la versión teatral de su novela *Realidad*. Tras el éxito de ese primer estreno, repite al año siguiente; y al otro… En adelante, sin olvidar la novela nunca abandonará el teatro. Un drama, *Santa Juana de Castilla* (1918), cerrará su andadura de creador.

Benito Pérez Galdós

Casandra

Drama en cuatro actos

Esta obra se estrenó en el Teatro Español, de Madrid,
el 28 de febrero de 1910 interpretada por Carmen Cobeña (Casandra),
Julia Cirera (Doña Juana), Consuelo Badillo (Rosaura),
Rafaela Lasheras (Clementina), Herminia García Peñaranda (María Juana),
la srta. Sampedro (Beatriz), la srta. Cañete (Pepa),
la sra. Álvarez (Martina), la srta. González (Severiana),
la srta. Baral (Institutriz), Ricardo Calvo Agostí (Rogelio),
Leovigildo Ruiz Tatay (Alfonso de la Cerda), el sr. Comes (Ismael),
Rafael Ramírez (Zenón de Guillarte), Ricardo Manso (Insua)
y el sr. Cobeña (Cebrián).

Dirección: Fernando Olivier.

Personajes

CASANDRA	25 años.
DOÑA JUANA	70 años.
CLEMENTINA	35 años.
ROSAURA	37 años.
MARÍA JUANA	17 años.
BEATRIZ	16 años.
PEPA	Criada joven de doña Juana.
MARTINA	Criada madura de doña Juana.
SEVERIANA	Criada de Rosaura.
LA INSTITUTRIZ	Sin edad concreta.
ALFONSO DE LA CERDA	40 años.
ISMAEL	40 años.
ZENÓN DE GUILLARTE	40 años.
ROGELIO	26 años.
INSÚA	60 años.
CEBRIÁN	60 años.
DOS NIÑOS PEQUEÑOS	Hijos de Rosaura.

10♀ 6♂

Época contemporánea.
Derecha e izquierda se entienden las del espectador.

Acto Primero

Sala baja en el palacio de DOÑA JUANA. *En
el fondo, ventanal y puerta de cristales que
dan al jardín. Dos puertas a cada lado: la segunda de la derecha es la de la capilla; la
primera es puerta de servicio. La segunda de
la izquierda conduce al salón, la primera a
las estancias interiores. En los paramentos
de ambos lados, entre las puertas, cuelgan
dos retratos grandes de medio cuerpo y ta-
maño natural. El de la derecha es de* DOÑA
JUANA; *el de la izquierda de Don Hilario, y ambos ostentan moda y elegancia de 1870. Los
muebles son de un lujo anticuado. Es de día.*

Escena I

DOÑA JUANA, *señora tan respetable como adusta, vejancona y flácida, cargadita de hombros, el rostro amarillo y rugoso, la mirada oblicua; al andar se gobierna con un palo; viste de estameña parda o negra; está sentada junto a una mesita donde tiene apuntes de cuentas y libros de devoción;* PEPA, *criada joven y linda;* MARTINA, *madura, opulenta en carnes.*

MARTINA   (*Entra.*) No se descuide la señora… Ya llegan.

DOÑA JUANA   (*Displicente.*) ¿Quién?

MARTINA   Los parientes de la señora.

DOÑA JUANA   Que esperen… No hay prisa.

PEPA   Vienen a felicitar a la señora por su mejoría.

DOÑA JUANA   Traerán la máscara de alegría… Pero yo, tras el cartón de las caretas, veo la tristeza de las almas desconsoladas… que lloran porque vivo.

PEPA

No piense mal la señora.

MARTINA

Vamos, que bien la quieren algunos.

DOÑA JUANA

Sí… Cierto que algunos me quieren. No puedo dudar del amor de Clementina, hija de mi querida hermana María. Pero su marido, el estirado prócer Alfonso de la Cerda, desea y aguarda mi muerte como agua de mayo, para derrochar mi dinero en máquinas de agricultura, que no sirven más que para hacer más ricos a los ricos y más pobres a los pobres… (*A MARTINA.*) ¿Viste si con Clementina y Alfonso vienen sus dos niñas?

MARTINA

Sí, señora; ahí están Juanita y Beatriz… lindas, elegantitas… (*Con adulación.*) y tan religiosas que da gozo verlas.

DOÑA JUANA

Sí, sí. Frecuentan el culto y rezan de carretilla, para que Dios les dé buenas dotes con que enganchar a marqueses o duques tronados. Decidme, ¿va también mi sobrino Ismael?

MARTINA

El primerito que llegó.

DOÑA JUANA

El pobre Ismael es de los más desesperados en el plantón que mi vida les da. ¿Pero quién tiene la culpa de que Rosaura le haya salido tan paridora? En diez años de matrimonio, diez alumbramientos y ocho crías vivas… y lo que venga. ¿Qué beneficio trae al mundo ese nacer, nacer y nacer de criaturas?

PEPA   (*Sin poder contenerse.*) Señora, es el amor que…

DOÑA JUANA   (*Vivamente.*) ¿Tú que sabes, mozuela sin juicio? Aprende primero la virtud, y luego entenderás del amor honesto.

PEPA   No nos riña, señora, que somos buenas.

DOÑA JUANA   (*Severa.*) Medianas y tolerables no más, gracias a mí, que os tengo bien sujetas y no os permito hablar con ningún hombre…

PEPA   Así es, señora, y estamos muy agradecidas.

MARTINA   Muy agradecidas.

DOÑA JUANA   (*A* PEPA, *displicente.*) Retírate ya.

PEPA   (*Con hastío, se retira.*) Vieja ñoña, quien te herede que te aguante.

    (*Se dirige a la puerta de la derecha inmediata al foro. Antes de salir entra* INSÚA *y permanecen ambos un rato en la puerta secreteándose expresivamente.*)

DOÑA JUANA   (*A* MARTINA *creyendo que ha salido* PEPA.) Vigílame a esa loca… Me ha dicho Paca la lavandera que le hace cucamonas un tipejo llamado «Apolo», no sé si por mal nombre… (MARTINA *se asusta; disimula su turbación.*) ¿Tú has visto algo?

MARTINA   Nada, señora. Creo que Paca ve visiones.

DOÑA JUANA   Un carpinterillo fantasioso, que viste ropa muy ajustada… ¡qué indecencia!… Como los toreros. ¿Dices que es cuento?

MARTINA   Así lo creo.

DOÑA JUANA   No la pierdas de vista…

MARTINA   Así lo haré. Descuide la señora.

DOÑA JUANA   (*Advierte el cuchicheo de* INSÚA.) ¿Quién es?

INSÚA   (*Avanza.*) Soy yo, señora.

(*Desaparece* PEPA; *se va tras ella* MARTINA.)

Escena II

Doña Juana e Insúa.

Doña Juana	(*Sorprendida.*) ¡Insúa!… No le he sentido entrar. ¿Hablaba usted con Pepa?
Insúa	Le daba un recado para mi escribiente. Que no me espere en el despacho, y que puede marcharse. (*Se sienta junto a* Doña Juana.) ¿Y qué tal? Bravamente…, mejorando cada día. (*Con lisonjero optimismo.*) Un desvanecimiento sin importancia… Pero ya pasó…; muy bien…, ya pasó.
Doña Juana	Es tarde, despachemos.
Insúa	(*Saca lentes de oro y papeles.*) La liquidación de las cuentas del año anterior da un sobrante de dos millones trescientas doce mil pesetas, después de cubiertos todos los gastos de casa y entretenimiento…
Doña Juana	Y el sinfín de pensiones, socorros y alivios que destino a mis parientes…
Insúa	Atendido todo, gasta usted menos de la cuarta parte de sus rentas… ¡Ah, señora!…;

otros años, por este tiempo, cuando yo presentaba a usted la liquidación total, con un sobrante de millón y medio o dos millones de pesetas, disponíamos la compra de una dehesa más, para agregarla a ese inmenso grupo de propiedad que don Hilario y usted han formado en una veintena de años, y que llaman por ahí el latifundio de doña Juana.

DOÑA JUANA   Ya no más. Pongo punto a la consolidación de propiedad rústica… que es un estorbo… bien lo sabe usted… para mi magno plan… Y a propósito, ¿ha pensado usted en la forma de transmisión…?

INSÚA   Es facilísimo. Ayer, como usted me indicó, vi al amigo Cebrián, que ya tiene estudiados los aspectos jurídicos de la cuestión. Me ha dicho que hablará con usted…

DOÑA JUANA   Esta tarde le espero. Tengo en mi capilla rosario, plática y salve, y Cebrián es de los que no me faltan.

INSÚA   Cebrián opina, como yo, que antes de ocho días puede quedar todo despachado y concluso.

DOÑA JUANA   Así lo espero. Sigamos.

INSÚA   (*Apunta. Saca otro papel.*) «Lista de socorros». Conforme a las órdenes que usted me dio, entregaré a su sobrino Ismael los cinco mil duros que pidió para construir los nuevos modelos de ascensor hidráulico.

DOÑA JUANA ¿Cinco mil duros… a ese loco?

INSÚA La señora, delante de mí, si no estoy trascordado, dijo a Ismael que contara con…

DOÑA JUANA Quizá ofrecí los cinco mil duros hallándome en los albores del ataque… Mi cabeza ya no estaba firme… mi razón se desvanecía entre celajes… No vale, no vale lo que dije… Borre usted, Insúa.

INSÚA Borro… Clementina espera… Entiendo que habló con usted.

DOÑA JUANA Sí; daré a Clementina el auxilio de treinta mil reales que me ha pedido para equipar decorosamente a sus niñas y llevarlas a Biarritz…

INSÚA (*Apunta.*) Siete mil quinientas pesetas a Clementina… ¿Y al sobrino de su esposo de usted, Zenón de Guillarte?

DOÑA JUANA ¿A ese figurón extravagante y cínico? Su mensualidad, y gracias.

INSÚA No he contestado a la petición de Rogelio, porque usted me dijo que lo llamaría, que hablaría con él…

DOÑA JUANA   (*Asaltada de inquietudes.*) ¡Rogelio!… Ese es el punto delicado, la llaga, la herida… El hijo natural de mi esposo, el fruto maldito de la infidelidad, me trae estos días muy cavilosa…

INSÚA   (*La mira por encima de los lentes.*) El testamento de Hilario es bien explícito… En una sola cláusula, legó a su hijo medios materiales de vida, y le impuso un freno moral.

DOÑA JUANA   A uno y otro fin debo atender.

INSÚA   Ya sabe usted que vive con una moza guapísima llamada Casandra…

DOÑA JUANA   Sí… hija de un famoso escultor… He tomado informes…

INSÚA   ¿Y sabe usted que Casandra es madre de dos niños?

DOÑA JUANA   Lo sé. ¡Qué pena! ¡Infelices hijos criados entre un padre loco y una madre aventurera!

INSÚA   (*Lo niega con respeto.*) Debo indicar a usted que nunca oí nada malo de la hermosa Casandra.

DOÑA JUANA   Buena será quizá… Hay casos.

Insúa	(*Curioso, tratando de penetrar en el pensamiento de la señora.*) Me dijo usted que su plan magno se relaciona en cierto modo con Rogelio…
Doña Juana	No, Insúa. En su conjunto y fines altos, mi plan está muy por encima de esas miserias; más para poder efectuarlo con desahogo, es forzoso que liquide ciertas obligaciones de conciencia…
Insúa	Ya… ¿Quiere usted que llame a Rogelio?
Doña Juana	Ayer lo vi, hablamos… Le dije que sin ver y tratar a esa Casandra, no puedo determinar la forma y calidad de la protección que debo dar al hijo de mi esposo… Dígale usted que esta tarde, después de mi fiesta religiosa, me traiga esa preciosidad… Hay que verlo todo, hasta las hermosuras de carne.
Insúa	Muy bien. (*Se levanta.*) Y ya es hora de que empiece el besamanos.
Doña Juana	Sí… Pero que no entre toda la caterva de una vez. No está mi cabeza para tanto barullo.
Insúa	(*Se dirige a la puerta. Aparece Saturno, criado viejo, al que da órdenes.*) Que pasen los señores marqueses del Castañar. (*Se despide afectuosamente. Saluda a los marqueses. Se retira.*)

Escena III

Doña Juana, Clementina, *Don* Alfonso,
María Juana y Beatriz.

CLEMENTINA (*Corre hacia* Doña Juana.) ¡Tía del alma!

DOÑA JUANA (*La abraza.*) ¡Clementina... hija!

ALFONSO ¿Qué tal, señora?

DOÑA JUANA Querido Alfonso, ya estoy bien; ya pasó el arrechucho. (*A las niñas.*) Venid a mis brazos, María Juana y Beatriz.

MARÍA JUANA ¡Qué alegría!

(*Ambas la besan.*)

BEATRIZ ¡Buen susto nos hemos llevado!

CLEMENTINA Muy enojada, pero muy enojada con usted... ¡Estar tan malita y no decir una palabra!

BEATRIZ ¡No mandarnos un recadito!

ALFONSO Nada supimos.

MARÍA JUANA	La primera noticia que llegó a casa fue que ya estaba mejor.
DOÑA JUANA	Más vale así. Os evité un disgusto.
CLEMENTINA	Pero nos privó del consuelo de asistirla.
ALFONSO	¿Y qué ha sido al fin?
DOÑA JUANA	Un imprevisto achaque, distinto de los que ordinariamente padezco… o quizá el que viene como avisador de un fin próximo.
CLEMENTINA	Por la Virgen, no diga esas cosas.
DOÑA JUANA	A mí no me asusta la muerte, pues para ella estoy, gracias a Dios, bien preparada. Demasiado sé que nuestra vida es un castigo, la muerte un indulto. ¿Qué hacemos en este presidio? El único solaz que en él hallamos es pedir a Dios que nos dé libertad y nos lleve consigo.
BEATRIZ	Tiíta, no nos hables de cosas tristes.
DOÑA JUANA	Hablaré de lo que queráis. (*Les indica que se sienten.*) Vosotras a mi lado. (*Las niñas se sientan a un lado y otro de* DOÑA JUANA. *Don* ALFONSO *permanece de pie.*) Dime, Alfonso, ¿qué tal; qué tal esas campañas agrícolas? ¿Van bien?

ALFONSO   A un soldado que pelea sin armas no le pregunte usted por sus victorias.

DOÑA JUANA   Ciego estás, Alfonso, si no ves que en tierra de Castilla serán siempre perdidos tus esfuerzos. El suelo rapado y seco, los ríos sin agua y los montes desnudos, han dado de sí santos y guerreros; nunca darán labradores primorosos.

ALFONSO   Guerreros y santos da también ahora la tierra campa de Castilla; pero los santos son de los que acaban en el infierno; los guerreros, de los que concluyen apaleados, como el generoso Don Quijote... Eso es hoy el agricultor castellano, santo condenado y guerrero sin gloria.

DOÑA JUANA   No te canses; no porfíes con la naturaleza, con Dios, que creó los países pobres para fundar en ellos las escuelas de la humildad y la paciencia.

                 (ALFONSO y CLEMENTINA *se miran de soslayo, refrenando su enojo.*)

ALFONSO   Yo, señora, creo que Dios nos ha dado los países yermos y huraños para que los hagamos hospitalarios, risueños. Se educan las tierras como a las personas, y se doman los campos como a las fieras.

DOÑA JUANA   (*Con frase cortante y seca.*) Eso será muy bonito, pero es un disparate.

CLEMENTINA   (*Acude en apoyo de* ALFONSO.) Sus empresas, tía, no le parecerían a usted desatinadas si las conociera bien. Trabaja con fe y ahínco, y usted debe ayudarlo para que veamos el fruto de tantos afanes.

DOÑA JUANA   Yo le ayudo… como puedo. Y no voy más allá, porque los tiempos están malos.

ALFONSO   (*Desabrido e irónico.*) Malos, sí; malos están siempre… Y esa ruindad de los tiempos no acabará mientras los españoles no aprendamos a prestarnos auxilio unos a otros; mientras los que poseen con exceso no alarguen su mano a los que sufren escasez, a los que, cargados de hijos y de duras obligaciones, no pueden vivir ni respirar… Malo está y estará todo mientras el egoísmo sea ley de las almas.

DOÑA JUANA   (*Con afectado celo y tonillo eclesiástico.*) ¡El egoísmo! Cierto que es la primera de las plagas humanas. Para combatirlo, cultivemos con preferencia los campos del espíritu.

ALFONSO   Tengo cinco hijos que mantener y obligaciones que cumplir. Sin dejar de dar al cielo lo que es del cielo, doy a la tierra lo suyo.

DOÑA JUANA   (*Vivamente.*) Sí, pero no te conformas con la voluntad de Dios.

ALFONSO   (*Con igual viveza.*) Sí me conformo… Nos conformamos demasiado. Mi voluntad es reflejo de la de Dios, y Dios me manda que…

(BEATRIZ, *próxima a su padre, le tira de la levita.*)

DOÑA JUANA   Pero no te incomodes, hijo.

CLEMENTINA   ¡Alfonso, por Dios! (*A* DOÑA JUANA.) No le haga usted caso… Es un disputador incorregible.

DOÑA JUANA   (*Con forzada jovialidad, que torpemente oculta su orgullo.*) Nada…; siempre que nos vemos Alfonso y yo, nos peleamos. Él es terco, yo más. Cada cual suelta sus terquedades, y luego… tan amigos.

CLEMENTINA   (*Bruscamente, queriendo variar de tema.*) Hablemos de otra cosa. Ya sé, tía, que esta tarde tiene usted una gran fiesta en su capilla.

DOÑA JUANA   (*Gozosa.*) Sí… Ya iba a deciros que os deis por invitadas. Tengo plática… Cantarán las niñas de San Hilario.

MARÍA JUANA   ¡Ay, qué gusto!… ¡Y poco que me gusta a mí la plática!

BEATRIZ   Y a mí el coro de niñas… Cantaremos con
                 ellas.

DOÑA JUANA   (*Las besa.*) Niñas del alma, mucho me agra-
                 da que prefiráis este recreo del espíritu a
                 los paseos vanos, y a la cháchara frívola con
                 amiguitas sin seso. (*Entra* MARTINA *y le
                 anuncia en voz baja a la señora que han lle-
                 gado los reverendos sacerdotes.*) Ya es la hora.
                 (*Se levanta impaciente y con dificultad, ayu-
                 dada por* CLEMENTINA.) Vamos… (*Coge su
                 bastón. Toma el brazo de* CLEMENTINA.)
                 Acompañadme a mi catedral casera. Veréis
                 qué bonita está… (*A* ALFONSO.) A ti no te
                 digo que vengas… Temo que te fastidies.

ALFONSO   Sí, señora. Me aburro. (*Corrigiéndose con
                 presteza.*) No, no, he querido decir que…

                 (*Entra* ISMAEL *presuroso por el fondo; salu-
                 da a* DOÑA JUANA. *Es hombre de cuarenta
                 años, regular figura, por demás inquieto y
                 nervioso, el genio pronto, el pensamiento rá-
                 pido, la voz y el mirar siempre delante del
                 pensamiento.*)

Escena IV

Los mismos e ISMAEL.

CLEMENTINA   Ya está aquí mi hermano.

ISMAEL   Perdóneme, querida tía, si rompo la consigna. Tan impaciente estaba por felicitarla... que no he podido contenerme.

(Le besa la mano.)

DOÑA JUANA   Tonto, ¿por qué no has entrado antes? ¿Y tu mujer?

ISMAEL   Pronto vendrá. Se quedó arreglando la chusma infantil para mandarla de paseo.

DOÑA JUANA   Tampoco a ti te instaré para que vengas a mi capilla. Quédate con Alfonso, que, como tú, no gusta de fiestas religiosas, aunque por agradarme haya dicho lo contrario.

ALFONSO   *(Confuso.)* He dicho sinceramente que...

DOÑA JUANA   Quedaos, digo. Aquí os divertiréis más, parloteando de vuestros negocios... *(Con marcada unción.)* que Dios prospere, aumente y bendiga.

(*Sale por la derecha apoyada en* CLEMENTI-NA *y seguida de las niñas.*)

Escena V

Don ALFONSO *e* ISMAEL.

ISMAEL   (*Como azorado, se pasea de un lado a otro.*) Lléveme el diablo si no está enteramente loca.

ALFONSO   (*Sereno y burlón.*) Y un loco hace ciento, querido Ismael, porque tú lo estás de remate.

ISMAEL   No es locura, es rabia. Figúrate que acabo de ver al reverendo administrador don Damián Insúa...

ALFONSO   Ya entiendo. La entrega de los cinco mil duros se aplaza... ¿por cuántos días?

ISMAEL   Las promesas de esta buena señora nos traen la alegría del mañana... Luego se van, se van...

    (*Se para un momento.*)

ALFONSO   ¿Adónde?

ISMAEL   A la consumación de los siglos.

(*Sigue su paseo vertiginoso.*)

ALFONSO   (*Rie.*) Piensa doña Juana que eres eterno, como ella.

ISMAEL   (*Se para ante* ALFONSO.) Dime, Alfonso… pero con sinceridad, ¿crees tú que mi tía es santa, como dice la gente?

ALFONSO   No sé qué responderte. No entiendo bien las psicologías de la santidad. Juzgando a doña Juana por los efectos de su carácter sobre mi familia y sobre mí, no vacilo en asegurar que es la mujer más mala que Dios ha echado al mundo.

ISMAEL   (*Pensativo.*) No tanto… no. La verdad es que a Clementina y a mí, sus sobrinos carnales, nos ha trastornado con las esperanzas que nos arroja al rostro, como polvillo de oro que nos deslumbra, nos ahoga… y nos ciega.

ALFONSO   (*Con repugnancia del asunto.*) Así es. ¿Pero a qué hablar de eso?

ISMAEL   Yo no sé hablar de otra cosa. Parece natural que a mí, su sobrino carnal, pobre, creador de familia, trabajador en varias industrias, me auxilie con algún capital… Con que me diera los intereses del lote que me tiene destinado en su testamento, me haría feliz. No quería yo más para vivir en mis glorias, labrando nueva riqueza, multiplicando familia y productos industriales… Y en el propio caso estás tú… Que te dé una parte de las rentas del *latifundio,* y transformarás tus míseros campos…

ALFONSO   (*Amargado, lo interrumpe.*) Cállate… No me trastornes… Resuelto estoy a desentenderme de las vanas esperanzas de mi esposa… Sustituyo la paciencia con la confianza en mí mismo… Trabajaré como un pobre hidalgo de secano… Yo no valgo para sobrino pordiosero; ni soy tan flaco de moral que subordine mis cálculos a la muerte de una persona, y descuente las ventajas de una herencia… que podrá ser… podrá no ser…

ISMAEL   Ha de ser, Alfonso… Cree como yo, y espera…

ALFONSO   (*Ve entrar a* ROSAURA.) Cuéntale todo eso a tu cara mitad…

Escena VI

Don ALFONSO, ISMAEL *y* ROSAURA *cuya modestia no da publicidad a sus virtudes, más excelsas por ser inconscientes, luminosas tan solo en la oscuridad.*

ROSAURA   (*Risueña.*) Alfonso, Dios te guarde. No creí encontrarte en el besamanos.

ALFONSO   (*Irónico.*) ¡Cómo había de faltar yo a esta solemnidad!

ISMAEL   ¿Has visto a Insúa?

ROSAURA   Sí… (*Con tristeza.*) Ya me ha dicho…

ISMAEL   Un desengaño más, Rosaura. Mañana mismo cierro el taller y despido a mis operarios.

ALFONSO   ¿Y ustedes, en ese subir fatigoso por la cuesta de las promesas, aún esperan…?

ISMAEL   Con media lengua fuera esperamos… Nuestro sino es creer que tarde o temprano mi tía nos sacará de penas.

ROSAURA   (*Suspirando, se sienta.*) Pues que sea pronto, hijo, porque yo estoy cansadísima.

ALFONSO   (*Con galante admiración.*) Nadie como tú, amiga mía, tiene derecho al descanso. Pero no lo tendrás. La humanidad rara vez sabe premiar a sus grandes heroínas. La corona de descanso y paz que tú mereces Rosaura, no se la pidas a la gazmoñería.

ROSAURA   Ni merezco coronas, ni espero tener descanso hasta que me muera.

ALFONSO   Extraordinaria mujer tienes, Ismael. Desamparados de doña Juana, trabajo les mando para navegar con tanta familia, en una cáscara de nuez... por mares revueltos...

ROSAURA   Navegamos... porque sabemos guardar el equilibrio en medio de tales tumbos. Yo trabajo como una esclava... Por virtud de nuestra economía, y de algún milagro de Dios, ello es que mis ocho hijos comen lo necesario y van vestiditos con decencia.

ALFONSO   Sin darnos cuenta de ello, cultivamos todas las virtudes. La tía acabará por hacer perfectos a todos sus herederos... Dime, Rosaura, ¿quién ha quedado en el salón?

ROSAURA   No he visto más que a Ventura Nebrija, con sus hijas.

ISMAEL   Es el pariente más lejano de doña Juana, y el más afortunado, según dicen, por haber dedicado a sus hijas a la sastrería santurrona. Hacen trajes para el Niño Jesús.

ROSAURA   No murmures, marido mío. ¿Y Rogelio no está?

ISMAEL   Rogelio entró conmigo. En mitad del jardín lo perdí de vista... También se quedó en el jardín Zenón, paseándose a la sombra, y hablando con los árboles.

ALFONSO   (*Mira por el ventanal.*) ¿Por qué no sube? Lo que dice a los árboles que nos lo diga a nosotros, y nos divertiremos con su filosofía desesperada. (*Vuelve al proscenio.*) Creí que el primer concurrente al besamanos sería Rogelio, el pariente más favorecido de doña Juana, según parece.

ISMAEL   (*Siente pasos.*) Alguien viene. Paréceme que es Rogelio. (*Mira por el fondo.*) No, es el gran filósofo cínico y sonámbulo, Zenón de Guillarte.

Escena VII

Los mismos y ZENÓN *de Guillarte que entra en escena por el fondo, hablando a los aires, y ayudando su monólogo con discreta acción de la mano derecha. Esconde la izquierda en la solapa. No repara en sus amigos, que lo miran sin asombro y lo oyen risueños.*

ZENÓN   Y si es ley inconcusa que la naturaleza tiene horror al vacío, no lo es menos que esa misma naturaleza se apresura a llenarlo, así en las magnitudes del universo como en las pequeñeces de la existencia individual… Yo sostengo, y lo probaré cuando se quiera, para que los más incrédulos se penetren de estas verdades, yo afirmo y demuestro que el derecho a la vida será una vana fórmula si no lo consagráis con la equitativa distribución del riego monetario…

ROSAURA   ¡Eh, sonámbulo… que estamos aquí!

ISMAEL   Zenón de Guillarte, ¿no ves a tus amigos?

ZENÓN   (*Como quien ve y no ve.*) Ya os he visto.

ALFONSO   Del riego monetario tratábamos aquí.

Zenón	(*Se fija vagamente en ellos.*) Alfonso, Rosaura, Ismael, borregos del rebaño de la paciencia, tengo el honor de saludaros…
Ismael	Te escuchamos como a la propia sabiduría.
Zenón	Digo que si mi tío, hermano de mi buena madre. (*Señala el retrato.*) Vedle allí… si mi tío ilustre, don Hilario de Berzosa, primer marqués de Tobalina, designó por heredera de sus cuantiosos bienes a su dignísima esposa, (*Señala el retrato.*) vedla qué guapetona y elegante… encargándole que mirase por todos los parientes de él y de ella; si la antedicha señora… contemplad la serenidad de su rostro… no se muere sin distribuir entre los afines su colosal riqueza, tocándome a mí un puñado de valores mobiliarios que suben a sesenta mil duros, yo debo estar muy agradecido a mi señora doña Juana y a mi señor tío don Hilario.
Alfonso	Pero, di, Zenón, ¿agradeces dormido o despierto?
Ismael	Este ve en sueños mundos rosados.
Rosaura	Nosotros tenemos paciencia. Él, no.
Ismael	Nosotros trabajamos, tú haces vida de club.
Alfonso	Abandona su voluntad a la embriaguez vesánica en la sala del crimen.

ROSAURA   Se da vida de príncipe: viste con lujo, come a lo grande.

ISMAEL   Y en su incorregible manía de grandezas, alterna con duques y millonarios...

ZENÓN   Alterno con mis amigos de toda la vida. ¿Qué culpa tengo de haber nacido en cuna de plata sobredorada, por no decir de oro?

ROSAURA   Es latón que se empeña en parecer plata.

ZENÓN   ¿Queréis que me dedique a fabricar cestas o escobas, a pegar carteles o a vender cerillas? No, no he nacido para menesteres bajos. Dadme dinero, y lo multiplicaré sin abandonar mis hábitos de gran señor... Que me anticipe doña Juana el capitalito asignado en su testamento, y yo haré maravillas... me dedicaré a la granjería, que estimo más provechosa, y si me apuran, más apropiada a la moral incierta de estos tiempos; cultivaré la honrada, la santa usura, contra la cual hemos dicho mil denuestos los que fuimos sus víctimas.

ISMAEL   No va descaminado. Rómpase la tradición sentimental.

ALFONSO   Su paradoja es humorística, y encierra un fondo de venganza lógica.

ZENÓN	Devorado por la terrible usura, me vuelvo a ella y le digo: «Yo, tu víctima, seré ahora tu amigo. Monstruo, ante tus altares me inclino, y de tu corte quiero ser cortesano. Devuélveme, ¡oh vampiro mío!, la sangre que me chupaste».
ROSAURA	¡Qué atrocidad! ¿Pero tomáis en serio estas aberraciones?
ZENÓN	(*Se vuelve hacia el retrato de don Hilario y habla con él como con una persona viva.*) Desde la mansión de los justos, donde mora, mi noble tío me sonríe, me felicita, me aplaude. ¿Verdad, amado señor, que gozarás viéndome seguir tu huella gloriosa? ¿Qué hiciste tú en tu fecunda vida más que practicar la dulce usura? (*Encarándose con el retrato de* DOÑA JUANA.) Y vos, señora dulcísima, ¿me negaréis que sois la mayor y más sublime usurera?
ROSAURA	¡Eh, Zenón, hasta ahí podían llegar las bromas!
ZENÓN	Miradla. Me sonríe cariñosa. Afirma con la cabeza.
ROSAURA	No sonríe, no dice sino que eres un farsante.
ZENÓN	Ha dicho que sí con la cabeza. Sed testigos, Ismael y Alfonso. (*Estos ríen.*) Y se ha reído al dar la cabezada. (*Habla con el retrato.*)

Vos, noble dama, tenéis una bendita hucha que llamáis caridad, beneficencia, donativos de piedad y devoción, amparo a los parientes menesterosos. En esta hucha soberana vais poniendo cada día partículas de vuestras copiosas rentas... queréis juntar así un inmenso capital de gloria. ¿No es esto una imposición de fondos a interés compuesto, un montepío de la bienaventuranza eterna?

ISMAEL Confiesa, Zenón, que eres sacrílego.

ROSAURA ¡Tonto! Maldita gracia me hacen a mí esos desatinos.

ZENÓN La misma gracia me hace a mí ser pobre...

(*Se oyen, por la derecha, acordes lejanos de órgano.*)

ROSAURA Avanzada está la función en la capilla. Pero aún falta mucho para que concluya. (*Impaciente, se levanta.*) ¡Y yo aquí, con tanto que tengo que hacer en mi casa...!

ALFONSO ¿Te vas? A doña Juana le sabrá mal que no pases a la capilla.

ROSAURA ¿Y tú por qué no vas?

ALFONSO Porque en ese acto piadoso estoy representado por mi mujer y mis hijas.

ROSAURA   ¿Está ahí Clementina? Pues no me voy sin verla. Acompáñame, Alfonso. Nada pierdes con que doña Juana te vea en su catedral casera. (*A su marido.*) Ismael, ¿te quedas?

ISMAEL   Luego iré.

(*Entra* ROGELIO *por la derecha, por la puerta de la capilla.*)

ROSAURA   Rogelio, ¡qué aparición! ¿Vienes de la capilla?

ROGELIO   (*Restregándose los ojos como luchando con el sueño.*) Vengo huyendo del fastidio. Me espantaba la idea de quedarme dormido frente a…

ROSAURA   Frente a doña Juana; dilo.

ISMAEL   Ahora empezará la plática.

ROSAURA   (*Irónica.*) Pues Alfonso y yo queremos oírla.

ALFONSO   (*Resignado.*) Vamos.

(*Se van* ROSAURA *y* ALFONSO *hacia la capilla.*)

Escena VIII

ISMAEL, ZENÓN y ROGELIO *que se sienta en un sillón luchando aún con su somnolencia.*

ISMAEL   Pues aquí nos tienes discurriendo el modo de hacernos usureros.

ZENÓN   Y sobre el caso he pedido consejo a tu augusto padre a quien tienes colgado de esa pared, imponente y grandioso con su banda de Carlos III. El buen señor me ha dicho que con los particulares no pasaba del cincuenta por ciento, pero que con el Estado se corría hasta el doscientos.

ROGELIO   (*Se sienta.*) Dejad en paz a mi padre. Yo lo respeto, aunque en rigor no le debo más que la vida, donativo poco estimable cuando es vida desnuda de recursos.

ISMAEL   Mala partida te jugó tu don Hilario engendrándote para vida pobre.

ZENÓN   Mejor habría sido para ti que te dejara nadando en la nada de la mente divina.

ROGELIO   He tenido la mala sombra de salir al mundo en la peor casilla social, donde patalean los hijos ilegales de padre casado y rico, y de madre soltera y pobre. Infusorio soy, que bebo y vomito sin cesar el agua de la gota en que me ha tocado vivir. Dependo del arbitrio de doña Juana, que viene a ser mi madrastra póstuma.

ISMAEL   ¿Y cómo no viniste a preguntar por ella cuando estuvo tan malita?

ROGELIO   No lo supe. Ignorándolo, me libré del oprobio de alegrarme de su enfermedad.

ZENÓN   Yo sí lo supe, y unas seis veces al día me informaba de su estado, poniendo al entrar aquí una cara muy triste (*Habla con el retrato.*) Noble y santa señora, yo me permito preguntaros: ¿por qué no procedéis con estos tristes parientes en forma tal que nos inspiréis amor? Unos os llevarían sobre sus hombros cantando loores, y otros bailarían delante de vos, como David delante del Arca.

(*Sigue hablando solo por el fondo de la habitación y entra un rato en la capilla.*)

ISMAEL   (*A* ROGELIO.) Ya te habrá dicho Insúa que doña Juana quiere que le traigas a Casandra hoy mismo.

ROGELIO   Sí, y esto me llena de confusión… ¿Qué querrá hacer con nosotros esa mujer?… Tú has dicho que el carácter y la conciencia de tu tía son un misterio impenetrable. Yo creo conocer ese carácter, Ismael. Yo te aseguro que doña Juana lleva consigo el diablo de los celos y de los rencores de mujer contra mujer. ¿No lo entiendes? Doña Juana aborreció a mi pobre madre; me aborrece a mí, nacido de la infidelidad conyugal... Soy el espurio, el maldito...

ISMAEL   Según ella, naciste malo, y la falta de educación te hizo peor.

ROGELIO   Claro, mi madre era muy buena, pero educar no sabía. Murió antes de ser vieja, y antes de que el ramillete de su hermosura se ajara... Quedé solo. Doña Juana, estéril, siguió aborreciendo a mi madre después de muerta, porque soy el hijo que don Hilario quiso tener fuera y lejos de ella.

ISMAEL   Basta.

ROGELIO   No he concluido. Abandonado de mi padre, mirado de través como una vergüenza, crecí en libertad, dejé correr la imaginación, me embriagué en las cosas fáciles, amé la naturaleza y en ella puse el nido de mis creencias. Era como el salvaje que funda su vida en los elementos primarios: el miedo, el valor, el placer, el misterio... Me sentía en un medio mitológico, y miraba la sociedad como un mundo extranjero, al cual no había de pertenecer nunca… En esta vida libre y desmandada conocí a Casandra. Enamorados yo de ella y ella de mí, me la llevé a mi vida suelta y tormentosa. Éramos felices en nuestro desorden, y entregados al azar y al tiempo, sin conocer de este más que el día presente, gozábamos la tranquilidad de los pájaros errantes en país donde no existen cazadores.

ISMAEL   No, que al fin os cazó doña Juana… a ti por lo menos.

ROGELIO   Me cogió en las redes de una pensioncita para vivir medianamente.

ISMAEL   Y traído a la vida regular, te has reformado…

ROGELIO   Mi reformadora es Casandra, en quien veo una gran maestra, educadora de pueblos, pues me ha educado a mí, que soy todo un pueblo por la complejidad de mis rebeldías.

ISMAEL   Pues cuando doña Juana te llama, cuando llama también a tu mujer libre, deseosa de conocerla, será que quiere aumentar sus favores… Pretenderá casaros…

ROGELIO   (*Con expresión de disgusto.*) ¡Valiente favor!

ISMAEL   La misma Casandra, que ve claro y lejos en los horizontes de la vida, no desea otra cosa… Con tus intransigencias no se puede vivir en sociedad, Rogelio. Cásate, y obtendrás de doña Juana favores más positivos.

ROGELIO   Yo no quiero de tu tía más que lo que me pertenece por disposición de su esposo. Sé que mi padre, apiadado de mí en sus últimos años, dispuso que una parte de sus riquezas pasara a mis manos. Ese montoncito de oro me pertenece, es mío. Lo necesito para completar mi existencia, y doña Juana tiene la obligación de dármelo.

ISMAEL   Sí… pero… conviértete, amigo querido, a la religión de la flexibilidad, y haz una discreta, una sutil abjuración de tus rebeldías.

ROGELIO   (*Dudando.*) No sé, no sé.

ISMAEL   Ponte en la razón… no seas imaginativo en grado de locura. Sé menos poeta y más hombre, Rogelio.

ROGELIO   Soy lo que soy, y no puedo ser de otra manera. Mis amores son Casandra, mis hijos, el sol, mi libertad, sol y cielo de mi espíritu. Todo esto lo poseo, me falta un bien que anhelo y no quiere ser mío: el oro.

ISMAEL   (*Alegre, risueño.*) El sol, reducido a cosa manejable, que se da o se toma, y se mete en el bolsillo.

ZENÓN   (*Hablando solo frente a la puerta de la capilla.*) Estoy conforme, absolutamente conforme con todo lo que ha dicho el señor predicador que en este momento veo bajar del púlpito. Yo no he tenido el gusto de oírlo pero…

(*Se oye el órgano.*)

ISMAEL   (*Riendo.*) ¡Tonto! ¿Con quién hablas?

ZENÓN   (*Avanza hacia sus amigos.*) Decía que sin haber oído el sermón lo celebro, lo aplaudo…

ROGELIO   ¿Habrá dicho que doña Juana es una santa?

ZENÓN   Y si no lo ha dicho lo digo yo, lo sostengo, lo hago cuestión personal.

ISMAEL   Así, así se gana el cielo.

ROGELIO   O la tierra.

Escena IX

Los mismos. CLEMENTINA *y* ROSAURA *que vienen de la capilla.*

CLEMENTINA   Aquí respiro… El olor de la cera y el mo-
cosuena de la plática me han levantado
dolor de cabeza.

ROSAURA   Pues yo, a media plática tuve que pelliz-
carme para no dormirme.

CLEMENTINA   Ya conocí yo que tu atención no era muy
intensa, y que rezando con la boca tenías
el pensamiento en tu cocina.

ROSAURA   No pensaría en ella si tuviera yo unos ángeles que, mientras rezo, me hicieran la
comida, como aquellos de San Isidro que
araban mientras el santo estaba en oración.

CLEMENTINA   Amiga mía ten fe, y no te faltarán ángeles
cocineros, barrenderos…

ROSAURA   Y que vayan a la compra y me arreglen a
los hijitos.

CLEMENTINA	Todo eso podrás tener. Oye otra cosa, parece que esta tarde doña Juana ha citado a esa Casandra para una entrevista familiar. ¿Conoces a esa mujer?
ROSAURA	Sí. Casandra y yo vivimos en la misma calle. No tengo por qué ocultar que somos amigas.
CLEMENTINA	¿Y qué idea has formado de ella?
ROSAURA	Que se equivocan los que ven en Casandra a una mujer desordenada y voluntariosa… Tiene bastante gobierno, es muy viva y despierta, cariñosa de trato, pronta de genio… Empecé por compadecerla y acabé por admirarla.
CLEMENTINA	¿Y los niños?
ROSAURA	Son preciosos. En mi casa los tengo algunas tardes jugando con los míos. Su madre los adora y los lleva muy bien arregladitos.
ZENÓN	Por lo visto, las señoras también se aburren ahí dentro, y salen al pórtico de la catedral a distraerse con un poquito de cháchara y murmuración.
CLEMENTINA	Ni nos aburrimos allá, ni aquí murmuramos.
ROSAURA	Mientras nosotras rezábamos, usted aquí despellejando al prójimo.

ZENÓN   Yo despellejo blandamente, sin hacer daño,
               y también rezo… a mi modo.

ISMAEL   Pues no vale rezar en el pórtico. La función
               no ha concluido, y aquí viene el señor de
               Cebrián reclutando a los prófugos. Todos
               tenemos que ir allá.

ROSAURA   (*Pesarosa.*) ¡Ay, Dios mío!

Escena X

Los mismos y CEBRIÁN, *señor de edad madura, muy pulcro, finísimo, de habla melosa y exquisita cortesía.*

CEBRIÁN   (*Entra por la capilla.*) Clementina, Rosaura, perdonen mi atrevimiento, pero debo decirles que la señora doña Juana parece un poquito lastimada de que sus sobrinas no estén presentes en esta parte de la función, que es la más interesante, la más tierna sin duda.

ROSAURA   ¡Todavía más!

CEBRIÁN   En este momento la piadosa señora se digna obsequiar con una rica merienda a las niñas del colegio de San Hilario, que han venido a cantar. Ella misma les sirve. Vengan, vengan. Y la propia advertencia me permito hacer a estos dignos caballeros. ¡Será tan grato a la señora verlos allí!

CLEMENTINA   Iremos, sí, pero…

ROGELIO   (*A la derecha, aparte a* ISMAEL.) ¿Quién es ese punto?

ISMAEL   (*Aparte a* ROGELIO.) Cebrián. ¡Huy! El ministro, el canciller de doña Juana. Gran jurisconsulto, gran moralista, hombre de consejo.

ZENÓN   (*Con adulación.*) ¡Hermoso, divino cuadro el de la ilustre señora sirviendo a las niñas inocentes.

                  (*A* CLEMENTINA y ROSAURA *les contraria el volver dentro.*)

CEBRIÁN   (*A* ISMAEL y ROGELIO.) Los discretos jóvenes darán mayor brillo a la piadosa ceremonia.

ISMAEL   Iremos, señor de Cebrián. Irá también Rogelio.

CEBRIÁN   (*Saluda con extraordinaria finura.*) ¡Ah, don Rogelio! ¡Cuánto gusto! (ROGELIO *le hace reverencia y se deja estrechar la mano.*) Lo vi a usted en la capilla. No tenía el honor de conocerlo. Ya sabe usted que en cuanto la señora acabe de obsequiar a las niñas, tendrá el gusto de recibir a la señorita Casandra.

ROGELIO   Ya sé…

CEBRIÁN   No necesito decir a usted que en esta ordenada casa es de rigor la puntualidad.

ROGELIO   Casandra vendrá de un momento a otro.
            Quizá esté ya en el jardín.

CEBRIÁN   (*Dando prisa.*) Vamos, señoras mías.

ROSAURA   (*Aparte.*) ¡Qué fastidio!

ZENÓN   Un momento… Enseguida voy.

            (*Hace que se va y retrocede desde la puerta.
            Salen por la derecha las señoras y* CEBRIÁN.)

Escena XI

ROGELIO, ISMAEL, ZENÓN y *después* CASANDRA.

ISMAEL   Relamido es el canciller.

ROGELIO   Astuto y sutil como la serpiente.

ZENÓN   ¿Qué pensáis? ¿Entramos?

ROGELIO   Yo no.

ISMAEL   Ya está Casandra en el jardín. Miradla.

ZENÓN   (*Que ha mirado por el ventanal.*) En la alameda de tilos se pasea meditabunda. (*A ROGELIO.*) Llámala. Hazle una seña.

ROGELIO   (*Llama hacia afuera.*) ¡Eh!... ps... Ya me ha visto. Ya viene.

ZENÓN   No te enfades, chico, si me oyes decir que posees una de las pocas mujeres deliciosas que van quedando, deliciosa sin ser mala. Aún no hemos llegado a que maldad y hermosura sean un solo defecto.

(Rogelio, *en la puerta de cristales, esperando a* Casandra.)

ISMAEL   Pronto acude a la cita. Aún han de esperar un rato.

ZENÓN   ¡Linda mujer! ¡Qué majestad, qué andares de diosa helénica!

ISMAEL   He visto una estatua muy semejante a esta mujer.

ZENÓN   ¿Estatua desnuda o vestida?

ISMAEL   Vestida, hombre. Hay diosas muy decentes.

(Casandra *entra por el fondo. Viste traje rojizo, de sencillez elegante, guantes blancos. Se detiene como asustada en la puerta.*)

ROGELIO   Pasa, mujer, sin temor. Estamos solos.

ZENÓN   Aún no ha salido el coco.

CASANDRA   (*Avanza.*) Aún puedo respirar.

ISMAEL   Respiramos todos.

ZENÓN   Casandra, por algo tiene usted nombre de profetisa. ¿Quiere usted adivinarnos el porvenir, descifrarnos el tremendo enigma que a Ismael y a mí nos trae locos?

CASANDRA	Yo no adivino más que lo que ignoran los tontos y lo que olvidan los desmemoriados.
ZENÓN	¿Seremos nosotros desmemoriados en vez de pobres?
ISMAEL	¿Seremos ricos… sin acordarnos de ello?
ROGELIO	Sois sonámbulos que aquí andáis sobre montones de oro, creyendo que pisáis tocino del cielo.
CASANDRA	¿Quieren que les adivine si serán un día ricos? Bueno… Pues sí, serán riquísimos.
ISMAEL /ZENÓN	¡Bien, bravo!
CASANDRA	Poco a poco… He dicho que serán riquísimos un día.
ISMAEL /ZENÓN	¿No más que un día?… ¡Oh!
CASANDRA	Más vale algo que nada.
ISMAEL	Parece que está usted algo medrosa.
CASANDRA	No he visto nunca a doña Juana. Vengo a su casa porque ella me ha llamado. Mientras no sepa lo que quiere de mí, no debo afligirme ni alegrarme. Rogelio, serénate. Cada uno, dentro del castillo de sus

pensamientos y de su conciencia, es rey. ¿Crees que solo el dinero es la fuerza?

ROGELIO   Yo no sé si es la fuerza; pero sé que la da.

CASANDRA   Lo que importa es tener razón, que el dinero…

ROGELIO   ¿Sostienes tú que la razón da dinero?

CASANDRA   Cállate la boca. Mi tema es… razón y siempre razón.

Escena XII

Los mismos y PEPA, *por la derecha.*

PEPA   ¿La señorita Casandra…?

ZENÓN   (*Cortándole el paso.*) Pepilla graciosa, si me buscas a mí aquí me tienes.

ISMAEL   Déjala, que esta ya se ha entendido con Insúa.

PEPA   Déjenme en paz. Vengo a decir que ha terminado la merienda. La señora recibirá inmediatamente a la señorita Casandra.

CASANDRA   ¿Dónde?

PEPA   Aquí. La señora viene enseguida.

ISMAEL   Vámonos.

ZENÓN   (*Presuroso.*) No nos encuentre aquí. Pepilla, no me olvides.

CASANDRA   (*Aparte, a* ROGELIO.) Espérame en el jardín. Ya que no estás aquí conmigo, quiero que estés cerca de mí.

Rogelio	Ánimo. Ya sabes.
Casandra	Sí, ya, ya, déjame.
Rogelio	Si veo que tardas entraré…
Pepa	(*Mira por la derecha, primer término.*) Ya viene la señora.
Ismael	Despejemos.
	(*Se van los tres presurosos por el fondo.*)
Casandra	¡Razón, no me abandones!
	(Pepa *permanece en la puerta. Entra* Doña Juana *con paso lento apoyada en su bastón.* Pepa *cierra la puerta, y se va.*)

Escena XIII

CASANDRA y DOÑA JUANA.

CASANDRA   (*Avanza al encuentro de* DOÑA JUANA.) Señora…

DOÑA JUANA   Casandra, hija mía… Deseaba mucho conocerte… siéntate. (*Se sientan las dos a un lado y otro de la mesita.*) Veo que no exageran los que tanto alaban tu hermosura.

CASANDRA   Gracias, señora.

DOÑA JUANA   (*La examina con el impertinente.*) Dios ha querido darte la belleza física en su mayor grado. Si en el mismo punto tuvieras la belleza moral, no serías mal prodigio… Por mi edad podré tomarme la licencia de hablar con toda franqueza.

CASANDRA   Sin duda.

DOÑA JUANA   Pues te diré que ese vestido colorado, y ese sombrero, no son lo más propio para una mujer de juicio.

CASANDRA   (*Gravemente.*) Este vestido es el mejor que tengo, el único presentable, debo decir. Me lo regaló Rogelio al entrar la primavera. Pensé hacerme otro gris, o azul marino, mas no he podido pasar del deseo… Me puse a economizar… llegué a reunir una corta cantidad… que fue preciso aplicar a cosas más urgentes.

DOÑA JUANA   A compromisos de Rogelio quizás… Claro, con ese desorden, no es extraño que sean insuficientes los cien duros que os doy cada mes… ¿Querrás explicarme…?

CASANDRA   Mucho más de la mitad de esos cien duros tengo que dedicar a las deudas de Rogelio…

DOÑA JUANA   ¡Jesús, Jesús! ¡Infame libertino es el hombre con quien vives!… Tú y él condenados sois, muy difíciles de redimir.

CASANDRA   (*Soltándose en el pensar y el decir.*) No es malo Rogelio, señora. Está usted en un error, del que yo quisiera sacarla.

DOÑA JUANA   Es para mí la encarnación de una deslealtad que me hirió en lo más vivo. Mi esposo… se dejó enloquecer por la gracia desvergonzada de una mujer que cantaba coplas obscenas, y alzaba la pata con indecencia en un teatrucho…

CASANDRA — Señora, si para usted pasaron ya esas amarguras, ¿a qué viene recordarlas?

DOÑA JUANA — Lo que acabas de oír no te atañe por ti misma, pobre criatura insignificante, sino por algo que de ello se deriva... Yo tengo un plan... un plan de reparación... Antes de realizarlo he querido verte y tratarte. Vamos a nuestro asunto. (CASANDRA *es toda curiosidad.*) Respóndeme... háblame como hablarías al confesor... ¿Amas verdaderamente a Rogelio?

CASANDRA — Por lo que de él he dicho, comprenderá usted cuánto amo a Rogelio.

DOÑA JUANA — ¿Qué has encontrado en ese perdido? ¿Qué prendas, qué cualidades has visto en él?

CASANDRA — (*Resplandeciente de ingenuidad.*) Sus desdichas, el vivir suyo solitario, sin familia ni afectos, su corazón bueno que le sale a la boca cuando habla, su gallardía y el fuego de su imaginación.

DOÑA JUANA — ¡Cuánta baratija, sin ninguna joya entre ellas!... ¿Puede ser eso causa de verdadero amor?

CASANDRA — (*Vehemente.*) Señora, yo le juro...

DOÑA JUANA — No jures, que es pecado.

CASANDRA   Yo tengo el orgullo de decir que…

DOÑA JUANA   (*Le corta la palabra.*) No seas orgullosa, que también es pecado… Respóndeme a otra pregunta: ¿ha sido Rogelio tu primer amor?

CASANDRA   (*Suspensa y grave.*) Primero y único. Pensar otra cosa es ofenderme.

DOÑA JUANA   No hay ofensa en lo que te digo… Estás enamoriscada, encandilada, como quien dice, con los resplandores, con las desdichas y el hablar gracioso de ese hombre… Pero no me sorprenderá que el mejor día te canses de sus vicios y sus dicharachos, y traslades tus entusiasmos a otro… más bonito o más feo, más formal o más pillo… a otro cualquiera, en fin, de los muchos que hay.

CASANDRA   Sin quererlo, señora, usted me ofende más con esa explicación. Yo la respeto a usted…, la respeto sin olvidar mi dignidad y el respeto que me debo a mí misma.

DOÑA JUANA   Está muy bien, está muy bien que te respetes. Eso me gusta… Yo vuelvo a decirte que no fue mi ánimo lastimarte. (*La examina con impertinencia, se levanta y da una vuelta en derredor de* CASANDRA, *que también se pone en pie.*) Pero también debo decir que el tipo de tu hermosura de museo, que es algo de hermosura pública para recreo de la muchedumbre, la arrogancia de tu actitud y de tu mirada, parecen… no digo que sea… parecen revelar a la mujer enamorada de sí misma, y atenta no más que al arte de agradar… de esas que no ven en la vida más que un perpetuo motivo de lucimiento… (*Nota que* CASANDRA *se enoja más.*) sin que esto quiera decir que sean malas… Dios me libre… ¿Qué? ¿También esto es ofensivo?

CASANDRA   (*Sollozando.*) Sí, señora, y tanto, que le pido permiso para retirarme.

(*Se aleja hacia el fondo.*)

DOÑA JUANA   (*Buscando la atenuación festiva.*) Vamos…, ya una persona experimentada, cargada de años y de autoridad, no puede aventurar una opinión sobre estas mocosas. (*Autoritaria.*) No te doy permiso para retirarte… Basta de mimo… No es para llorar… Siéntate, que aún tengo mucho que decirte. (*Coge a* CASANDRA *de la mano y la obliga a sentarse.*) Vamos, siéntate… (CASANDRA *se sienta.*) Ya no hablo más de Rogelio… Hablaré de ti misma. Dime otra cosa. Era lo primero que pensé preguntarte, y se me fue de la memoria… ¿Ese nombre tuyo de Casandra es nombre cristiano?

CASANDRA   No sé, señora. Por cristiano lo tuve siempre.

DOÑA JUANA   Yo no he visto en las vidas de los santos ni en ninguna relación de mártires el nombre de Casandra… Solo recuerdo haberlo visto en algún novelón, no sé si en una tragedia.

CASANDRA   (*Turbada, sin saber qué decir.*) Pues… no sé… Ahora recuerdo que una vez pregunté lo mismo a mi padre… y mi padre me dijo que había una santa Casandra…

DOÑA JUANA   Como buen escultor, se guiaba por algún almanaque gentil. Dime otra cosa: ¿te enseñó alguien la doctrina…?

CASANDRA   (*Insegura en la respuesta.*) Sí… creo… Sí, señora… algo… me enseñaron.

DOÑA JUANA   ¿Nada más que algo?… ¿Tu madre…?

CASANDRA   Yo no conocí a mi madre. Cuando murió, tenía yo diez meses. Las criadas de mi casa me enseñaron a rezar, y luego en el colegio… Doctrina y mucha historia sagrada, que se me ha olvidado.

DOÑA JUANA   ¿Y tu madre?… Perdona esta pregunta, que es penosa, pero necesaria… ¿Tu madre…, estaba casada con tu padre?

CASANDRA   (*Turbada.*) Sí... no... no sé... ¡Ah, ya me acuerdo!... Se casó cuando estaba malita... para morirse.

DOÑA JUANA   Vamos... menos mal. Llénate de paciencia para responderme a otra pregunta. Tu madre... ¿qué era?

CASANDRA   (*Sofocada.*) ¿Cómo que... qué era? Era... mi madre.

DOÑA JUANA   Quiero decir que cuál era su clase y condición... ¿No lo sabes, o no quieres decirlo?

(*Pausa.*)

CASANDRA   No lo sé.

DOÑA JUANA   ¿Era tu madre de clase humilde?... Acaso..., acaso fue criada de tu padre..., modelo de tu padre.

CASANDRA   No sé... (*Balbuciente.*) No me pregunte usted cosas que ignoro... y... que son para mí sagradas, desconociéndolas.

DOÑA JUANA   Quizá tu padre..., esto es un suponer..., conoció a tu madre en alguna fiesta pública o privada..., quizá en algún lugar adonde van los hombres en busca... de alegría, de libertad.

CASANDRA   (*Defendiéndose con la sinceridad.*) Mi padre, al hablar de mi madre, no me ha dicho nada más que era muy hermosa. Retratada la tenía en varios bustos y figuras.

DOÑA JUANA   (*Implacable.*) ¿Desnudas?

CASANDRA   El busto de mi madre no tiene más que… hasta aquí (*Marcando el seno.*)… y esto vestido.

DOÑA JUANA   Pero la representaría tu padre en otras figuras.

CASANDRA   Sí señora… había en el estudio muchas que a mi madre se parecían: una Diana, una Astarté.

DOÑA JUANA   ¿Es cierto que has pasado toda tu infancia en el estudio de tu padre? Alguna vez también tú servirías de modelo.

CASANDRA   Alguna vez.

DOÑA JUANA   (*Después de una pausa.*) ¿Desnuda?

CASANDRA   ¡Ay, no!

DOÑA JUANA   No te ofendas. Dicen los artistas que, en la estatuaria, la desnudez es honesta, casta… ¡Qué cosa más rara!

CASANDRA   Por honesta la tenía yo. Pero mi padre no me desnudaba cuando yo le servía de modelo. Una vez me puso para el grupo alegórico de un sepulcro... Yo representaba la inocencia.

DOÑA JUANA   (*Irónica.*) ¡Famosa inocente serías! Y dime otra cosa, ¿tu padre no te llevaba a la iglesia, a misa, a confesar...?

CASANDRA   (*Declarando penosamente.*) No señora... no me llevaba. Ya ve usted con qué sinceridad le respondo... Mi padre... era... poco creyente... o lo decía. En general, los hombres... apenas creen.

DOÑA JUANA   (*Sarcástica.*) ¡Vaya, vaya! Has aprovechado bien la edad inocente.

CASANDRA   Muerto mi padre, las tías que me recogieron y con quienes viví muy mal, no me hablaron nunca de cosas de fe ni de doctrina. Abandoné todo acto religioso... y...

(*Se interrumpe temerosa.*)

DOÑA JUANA   (*Iracunda.*) Acaba... Aún te falta lo peor, lo más ignominioso... Que te uniste a Rogelio sin ley ni religión, casamiento de animales...; que con él has vivido en las tinieblas del ateísmo...! ¡Oh! ¡Qué horror!

CASANDRA   Me pide usted la verdad… se la doy… Desde que me uní a Rogelio, los afanes de cada día me embargaron la voluntad de tal modo, que no he tenido tiempo para pensar en cosa distinta de las realidades de la vida.

DOÑA JUANA   ¡Desgraciada!… No sé cómo tengo paciencia para oírte. ¿Y es cierto como dicen, que tus hijos no están bautizados?

CASANDRA   Lo están, señora, aunque Rogelio diga lo contrario y de ello se envanezca. Yo les mandé secretamente a la pila del bautismo… sin que Rogelio se enterase. Es la única cosa… puede creérmelo, señora… la única cosa en que lo he engañado.

DOÑA JUANA   (*Agriamente.*) ¡Tu único engaño!… El bautismo de tus hijos, administrado con sigilo y vergüenza, no me inspira confianza. Será forzoso renovar el sacramento. Yo me encargo de eso.

CASANDRA   Como usted quiera.

DOÑA JUANA   (*Con sequedad.*) Has de saber que aunque no amo ni estimo a Rogelio, es mi ánimo protegerlo, aliviar su vida.

CASANDRA   Hará usted una buena obra.

DOÑA JUANA   La hago por mandato de mi conciencia, cumpliendo la voluntad de mi esposo… Rogelio ama las riquezas… las tendrá. Escoria es el oro, escoria humana, sois vosotros… Arrastraos por el suelo hasta que os barra la muerte.

CASANDRA   (*Afanada, medrosa.*) No nos maldiga, señora… Deseo que Rogelio sea mi marido con posición o sin ella. Lo mismo lo amaré rico que pobre. Pobre lo amé: mi vida es suya, y lo será siempre, siempre, aunque lleguemos a la miseria, a la mendicidad.

DOÑA JUANA   (*Irónica.*) Muy bien… Veo que tienes más mundo de lo que yo creía. Sabes tomar actitudes airosas… De casta le viene al galgo… Lo digo porque conservas los hábitos de escultura, de modelo de estatuas…

CASANDRA   (*Afligida.*) En mí no ve usted más que la estatua de la mujer ambiciosa, deshonrada y sin juicio.

DOÑA JUANA   No es eso, no. Estatua o mujer, me inspiras compasión. Yo miraré por ti.

CASANDRA   (*Llorosa.*) Lo agradezco, señora… y si le parece bien, daremos la audiencia por terminada.

(*Se levanta.*)

DOÑA JUANA   Como gustes. A mí no me molestas. ¿Tienes que hacer en tu casa?

CASANDRA   Sí, señora.

DOÑA JUANA   Yo te amparé… (*Fríamente.*) Ten confian-
              za en mí… Recibirás aviso para que vuel-
              vas a verme, y hablemos otro poquito… En
              mí tendrás la mejor consejera, la maestra
              más cariñosa.

              (*Se levanta.*)

CASANDRA   ¡Maestra!

DOÑA JUANA   Yo te guiaré en tu camino doloroso.

CASANDRA   (*Sin comprender.*) ¡Caminos dolorosos! ¿Cuá-
              les son? ¿Iré por ellos?

DOÑA JUANA   Todos los caminos del mundo son doloro-
              sos, cuando no conducen al fin infinito…

CASANDRA   (*Con vago mirar, hablando sola.*) Tristeza
              sin fin…

Escena XIV

Las mismas y Rogelio *que entreabre la puerta del fondo y avanza cautelosamente.*

Doña Juana   (*Afectuosa en la superficie, glacial en el fondo.*) Aunque tú no me quieres, yo te quiero a ti. Debemos amar a los débiles más que a los fuertes, y a los desgraciados más que a los felices... Puedes retirarte...

Casandra   (*Atónita, casi muda.*) Adiós.

Doña Juana   (*Mira al fondo.*) Ahí tienes a tu hombre. Salid por aquí.

(*Por la derecha.*)

Casandra   (*Aterrorizada.*) Rogelio, sácame de esta casa.

Rogelio   Ven, alma mía.

Doña Juana   Alma tuya es. (*Los ve partir por la derecha.*) ¡Pobres almas!

Fin del Acto Primero

Acto Segundo

Despacho elegante en la casa de los marque-
ses del Castañar. Puerta al fondo y laterales.
Es de día.

Escena I

ALFONSO, *afanado, escribiendo.* CLEMENTI-NA, *entreabre la puerta.*

CLEMENTINA   (*Sofocada: acaba de entrar de la calle.*) ¡Alfonso, Alfonso mío!

ALFONSO   ¿Qué?

CLEMENTINA   ¿Estás muy ocupado?

ALFONSO   Ocupadísimo. Déjame un momento… Sabes que en el Pardal tenemos casi perdida toda la cosecha… Trato de salvar una parte, utilizando la concesión para tomar agua del Tajo… Pero no tengo máquina… Escribo a los González Alonso proponiéndoles que me arrienden la suya.

CLEMENTINA   (*Entra.*) Luego resolverás eso… Tengo que hablarte…

ALFONSO   ¿Es cosa urgente?

CLEMENTINA   Urgentísima.

ALFONSO   (*Alarmado.*) ¿Ocurre alguna desgracia?

CLEMENTINA No... digo, sí... un hundimiento. ¡Espantosa catástrofe! Se ha hundido el caletre de mi reverenda tía doña Juana. Esparcidos están por el suelo los pedazos del cascote cerebral.

ALFONSO Algún disparate muy gordo. Serán habillas... No des crédito...

CLEMENTINA Me lo ha dicho ella misma. De allá vengo.

ALFONSO (*Impaciente.*) ¿Pero qué es?

CLEMENTINA Para que no te atormentes... mi tía ha determinado hacer efectiva la recomendación testamentaria de don Hilario... en lo referente a Rogelio.

ALFONSO Ya... le asigna un capital, que puede ser de un millón, de dos millones de pesetas...

CLEMENTINA Dos millones.

ALFONSO Y le obliga a casarse con Casandra.

CLEMENTINA En eso no aciertas. Es todo lo contrario... Le impone el divorcio, que llamaremos *concubinal*. De la entrevista que celebró mi tía con Casandra, sacó el convencimiento de que esta lleva en sí todos los signos de la predestinación... de que es demasiado estatuaria para ser buena.

ALFONSO

¡Oh iniquidad!… ¡Qué afán de calificar las conciencias juzgándolas, no por lo que son, sino por lo que pueden ser!… Sigue, ¿y los hijos?

CLEMENTINA

Pásmate… Ahora resulta que no están bautizados… Por lo menos, hay dudas… Lo primero será incluirlos solemnemente en el rebaño de Cristo. Luego, para darles la educación sana, religiosa, de que carecen, doña Juana piensa ponerlos bajo la custodia de su prima Cayetana Yagüe, que es muy para el caso… Nota al margen: cuenta con la aquiescencia de Rogelio.

ALFONSO

¡Pero es monstruoso!… Y ¡esa pobre mujer…! Será todo lo que quieran… Yo no la trato… Pero aunque fuese de la peor índole, y su conducta de las más depravadas…

CLEMENTINA

¿Y quién te dice que ella no pasará por todo con tal de adquirir la libertad, que es el ambiente en que viven mejor las estatuas vivas?

ALFONSO

¡Ah!… Si es así, no digo nada.

CLEMENTINA

Fíjate en la cláusula del testamento de don Hilario, que recomienda…

ALFONSO

Sí… dice poco más o menos: «encargo a mi esposa que mire por Rogelio, y que si contrae relaciones nefandas, procure apartarlo de ellas».

CLEMENTINA   Moribundo, se cala el capuchón ese diablo
              harto de carne.

ALFONSO   Dice más: «Constitúyale un capital de un
              millón de pesetas, o de dos millones, si por
              su buena conducta lo mereciese; y si a la
              fecha de la resolución de mi esposa estu-
              viese soltero, proporciónele casamiento con
              doncella honesta de nuestra clase, mejor,
              de nuestra familia…». Que el don Hilario
              de Berzosa era un inmenso mentecato en
              todo lo que no fuese sacar el dinero de de-
              bajo de las piedras, o del bolsillo de todo
              español descuidado, lo demuestra esa cláu-
              sula de su testamento cominero, egoísta,
              ridículamente previsor y minucioso.

CLEMENTINA   La cláusula es un gran desatino. Don Hila-
              rio debió morirse muy satisfecho de tal en-
              gendro. Pero no está menos orgullosa mi
              tía de su buena mano para llevarlo a la prác-
              tica. Es una idea doblemente redentora…
              y qué sé yo qué… No sé si habrás compren-
              dido que la doncella honesta que ha de
              compartir los millones de Rogelio es una
              de las chicas de Nebrija.

ALFONSO   Me lo he figurado. ¿Cuál de ellas? Será la
              que hace trajes azules para la Concepción,
              y colorados para el Niño Jesús.

CLEMENTINA   Es la otra, Casilda, tan ñoña, sandía y rasa
              de instrucción como Amelia, pero un po-
              quito menos esguízara y antipática.

ALFONSO   ¡Y ese Rogelio es capaz…! ¡Qué bajeza de hombre!

CLEMENTINA   Entiendo que Cebrián lo ha cazado, deslumbrándolo con un espejo al sol, como a las alondras.

ALFONSO   Es poeta y pagano, de los que adoran al sol bajo la especie de billete de banco… (*Hastiado del asunto.*) Total, que doña Juana ha dado colocación a esa joven, artículo de muy difícil salida. ¿Y a nosotros qué nos importa eso, y en qué puede afectarnos?

CLEMENTINA   (*Con tristeza.*) ¡Ay! Puede afectarnos más de lo que tú crees… porque tras ese disparate vendrán otros. Tengo por seguro que ha inaugurado mi tía una serie de lamentables despropósitos.

ALFONSO   ¿En qué te fundas para creerlo así?

CLEMENTINA   Es un presentimiento… más bien el resultado de mis observaciones. Conozco el carácter de mi tía; leo en sus ojos y en su acento las ideas que andan por aquel interior tenebroso.

ALFONSO   ¿Y qué has leído en ese manual de la perfecta hipócrita?

CLEMENTINA   Por de pronto… Fíjate en este dato, hoy me ha tratado mi tía con una sequedad y un despego que me han llenado de sobresalto. Al pedirme mi opinión sobre esta ridiculez que has oído, le dije que me parecía muy bien. Pongo mucho cuidado en no decirle nada que hiera su desmedido orgullo. Cualquier dureza la ofende; la mejor sombra de contradicción la enoja, la enfurece...

ALFONSO   ¿No será suspicacia, cavilación tuya?

CLEMENTINA   No, Alfonso de mi alma. Ignoro la razón de esta sequedad. Yo veo una sombra, una nube negra, un no sé qué... No puedo precisar lo que veo, ni darte idea de la calidad del desastre que barrunto.

ALFONSO   (*Empieza a sentir inquietud.*) Es tu imaginación, es... esa ansiedad en que vives, es el vértigo insano de las esperanzas siempre marchitas y siempre verdes. (*Perdiendo su reposado talante.*) ¡Vive Dios que he de cerrar los ojos al espejismo vano, al fantasma de las promesas! ¿Y no será prudente y cuerdo desprendernos de esta soñación quimérica y acomodarnos a una pobreza decente y tranquila?...

CLEMENTINA   (*Con gravedad.*) Tenemos hijos, Alfonso.

ALFONSO   Tenemos hijos... Pero también es cosa fuerte que por los hijos vivamos humillándonos un día y otro ante esa esfinge sentada sobre un cofre atestado de riquezas.

CLEMENTINA   (*Con gravedad casi lúgubre.*) Tenemos hijos.

ALFONSO   (*Subiendo de tono.*) Por santa Bárbara que me has contagiado de tus presentimientos… ¡Qué tontería!… Y acabaremos por que todo será infundado… vanas aprensiones de mujeres nerviosas… Trataremos de averiguar si continuará doña Juana incubando despropósitos… ¿Crees que nuestro amigo Insúa tendrá franqueza bastante para decirnos…?

CLEMENTINA   (*Súbitamente recuerda, llevándose las manos a la cabeza.*) ¡Ah, tonta de mí!; se me olvidaba contarte la gran novedad.

ALFONSO   ¿Más?

CLEMENTINA   Se me fue del pensamiento lo que creí menos interesante. Pásmate, Alfonso. Doña Juana ha despedido a su administrador.

ALFONSO   ¡Loca perdida!

CLEMENTINA   ¡Lo ha puesto en la calle… con treinta años de servicios!

ALFONSO   De servicios absolutamente leales. ¿Pero estás segura?

CLEMENTINA   Hoy lo supe. Según me han dicho, es público desde anteayer… Riámonos un poco, que todo no han de ser tristezas. La tía sorprendió al grave don Damián Insúa en amorosa connivencia con Pepa, la criada joven y bonita.

ALFONSO   (*Riendo.*) Nunca falta la inflexión cómica en las situaciones más serias. No me coge de nuevo. Ya es sabido que Insúa las mata callando... ¡Pero si tengo aquí una carta suya!... (*Busca entre las cartas que hay sobre la mesa.*) Me dice que quiere hablarme... Y yo no hice caso. Creí que lo mismo podía contestar hoy que mañana. (*Encuentra la carta; lee rápidamente.*) «Sírvase indicarme hora... deseo hablarle de asuntos de extraordinario interés».

            (*Queda suspenso.*)

CLEMENTINA (*Después de una pausa, en que ambos se miran perplejos.*) Contéstale ahora mismo.

ALFONSO   Pensé que quería proponerme la expropiación de los molinos del Pardal. (*Se sienta y escribe.*) Le diré que venga cuando quiera, que no saldré en todo el día...

CLEMENTINA (*Que ha caído en profunda meditación.*) Asuntos de extraordinario interés...

ALFONSO   (*Asaltado de misteriosa inquietud.*) ¿Qué piensas?

CLEMENTINA   La carta de Insúa ennegrece más la sombra
               que me persigue desde esta mañana, y la
               acerca más a mí… ¡Siento frío, terror…!

ALFONSO   (*Llama, da la carta a un criado que aparece
               en la puerta.*) ¿De qué?

CLEMENTINA   De mayores dislates de doña Juana, de ac-
               ciones vesánicas que puedan afectarnos…
               (*Consternada.*) Esto no es vivir.

ALFONSO   (*Furioso, manoteando.*) ¡Ah… el maldito
               esperar, el ansia nunca satisfecha, la horri-
               ble interinidad en que nos tiene esa vieja
               loca!

CLEMENTINA   (*Con acento lúgubre.*) Nuestras almas, como
               reos en capilla, suspiran entre la vida y la
               muerte.

ALFONSO   No más, no más, Clementina. (*Con des-
               varío.*) Huyamos de este suplicio… Reti-
               rémonos al Pardal… Casemos a nuestras
               hijas con gañanes… (*Airado.*) Viviremos
               de lo que nos dé el terruño. Madrid, te odio;
               vanidades, os pisoteo; esperanzas, os arro-
               jo al fuego; doña Juana, te arrojo más allá
               del fuego… No sé, no sé lo que digo.

Escena II

Los mismos y María Juana, Beatriz *y la* Institutriz *que entran por el fondo.*

CLEMENTINA   ¡Ah! ¿Ya estáis aquí?

MARÍA JUANA   Mama, no me culpes a mí. Es Beatriz la que se aburre en el taller benéfico.

BEATRIZ   Sí, mamá, no puedo negártelo; me aburro cosiendo camisitas, enagüitas y chambritas toda la santa tarde.

CLEMENTINA   ¡Holgazana! ¿Y usted no la riñe, *madamoiselle*?

INSTITUTRIZ   (*Con marcado acento francés.*) Verdaderamente, señora, las dos se aburren un poquito trabajando para el Santo Asilo. Pero Juanita sabe disimular bien su fastidio. Su amor propio la salva. Sabe adoptar la *pose* de la paciencia.

MARÍA JUANA   Paciencia tengo. ¡Pues no he dado pocas puntadas esta tarde!

ALFONSO
Hijas mías, si más que esa labor de puro *snobismo* benéfico os agrada el pasear por el Retiro, yo os alabo el gusto. *Mademoiselle*, mientras mis hijas no se vean en la necesidad de coser su propia ropa, llévelas usted de paseo.

BEATRIZ
(*Palmoteando.*) ¡Ay, que alegría!

INSTITUTRIZ
Opino como el señor marqués.

CLEMENTINA
¡Ay, no! Cosen para los pobres.

ALFONSO
Coser para los pobres es un lujo de las señoras ricas. Aún no sabemos qué porvenir reserva Dios a nuestras hijas. Por de pronto deben atender a su salud, hacer ejercicio, robustecerse, prepararse para las luchas de la vida…

CLEMENTINA
Sí, pero…

(*Suena el timbre interior.* MARÍA JUANA *mira por la puerta del fondo.*)

ALFONSO
¿Será Insúa?

CLEMENTINA
¿Quién es?

MARÍA JUANA
(*En voz baja, volviendo junto a su madre.*) Rosaura y otra señora.

BEATRIZ   (*Mirando por el fondo.*) Mamá, la que viene con Rosaura es esa... ¿cómo se llama, señor? (*Recordando.*) Casandra.

CLEMENTINA   (*Con severidad.*) ¿Pero, de qué conoces tú a esa mujer?

BEATRIZ   La vi un día en la calle. Íbamos con Amalia Nebrija. Pasó esa señora, y Amalia nos dijo: «Esa es... la Casandra».

MARÍA JUANA   ¿Les digo que pasen a la sala?

ALFONSO   No. Las recibiremos aquí.

CLEMENTINA   Vosotras retiraos pronto, pronto. No quiero que...

     (*Las empuja hacia la derecha, y salen las niñas y la* INSTITUTRIZ.)

Escena III

CLEMENTINA, ALFONSO, ROSAURA y CASANDRA.

ROSAURA
Perdonadme, Alfonso, Clementina, si vengo a importunaros. (*Sin saber cómo empezar.*) Se trata de… Esta amiga mía…

CLEMENTINA
Sí, ya sé…

ALFONSO
¿Es usted Casandra?

CASANDRA
Casandra soy. (*Con timidez.*) He contado mis tribulaciones a Rosaura, y ella… ha querido presentarme a ustedes… para…

ROSAURA
Yo lo diré. Pues esta infeliz me ha referido el conflicto en que se ve… y yo, cuitada de mí, ni sé aconsejarla, ni acierto a indicarla el remedio, la solución…

CASANDRA
Bien sé que es impertinencia venir a pedirles que intercedan en mi favor, pero… ya se sabe, el desvalido busca el amparo de las personas compasivas y generosas.

ROSAURA
Alfonso, Clementina, con vuestra autoridad podréis… Yo nada puedo. Yo no soy nadie.

CLEMENTINA   Poco más que nadie somos nosotros. En fin, explíquense.

ALFONSO   Ya comprendo. Se trata de los planes de doña Juana con respecto a Rogelio, el hijo de su esposo.

CASANDRA   Eso, eso.

CLEMENTINA   Algo he sabido yo.

CASANDRA   (*Con viveza.*) Pues si conoce usted los planes de doña Juana, sabrá cuánta iniquidad hay en ellos.

CLEMENTINA   (*Con cierta severidad.*) ¡Ah! Perdone usted. Yo tengo que respetar las ideas y las determinaciones de mi tía.

ALFONSO   Enterémonos bien. (*A* CASANDRA.) Siéntese usted. Siéntate, Rosaura.

   (*Se sientan* CASANDRA, ROSAURA *y* CLEMENTINA. *A la derecha de* CASANDRA *permanece* ALFONSO *de pie.*)

CLEMENTINA   Por la propia doña Juana sé que pronto será efectiva la disposición testamentaria de don Hilario en favor de su hijo natural.

ALFONSO   (*A* CASANDRA.) Esto seguramente no puede serle a usted desagradable.

CASANDRA   La herencia, ¿a qué negarlo? Me sería gra-
            ta si no trajese la destrucción de la familia
            que Rogelio y yo hemos formado.

CLEMENTINA ¡Ya, ya! Tiene usted hijos… Háblenos us-
            ted con absoluta sinceridad. Lo primero
            que me permito preguntarle es si usted ha
            querido, ha deseado, ha intentado legiti-
            mar su relación con Rogelio.

CASANDRA   (*Con energía.*) Sí señora, se lo juro a usted.

ROSAURA   Sí, sí. Me consta. Mil veces le oí expresar
            este deseo. Él, Rogelio, es quien ha resistido
            siempre por sus ideas locas, extravagantes.

CLEMENTINA Respóndame usted ahora como responde-
            ría a un confesor. ¿Sintió usted ese anhelo
            de matrimonio cuando Rogelio no veía de-
            lante de sí más que soledad y pobreza?

CASANDRA   (*Con dignidad.*) ¡Ah, señora! Esa pregun-
            ta, casi con las mismas palabras, me hizo a
            mí doña Juana la primera vez que la vi. Us-
            ted, como su tía, cree que mis deseos de
            casarme cristianamente se han despertado
            ante el cambio de posición social.

ROSAURA   No. No es de hoy; yo doy fe de ello.

CASANDRA   (*Con vehemencia.*) Hoy volvió a llamarme
            doña Juana. Le he dicho la verdad, y esa
            señora me ha contestado con vaguedades

irónicas, como si no diera crédito a mis palabras, salidas del corazón. Ni ella, ni ese caballero anciano que hoy dirige sus asuntos, no me acuerdo de su nombre…

ALFONSO   Cebrián. Don Francisco Cebrián.

CLEMENTINA   Persona dignísima.

CASANDRA   Un señor muy suave, muy atento, de palabra resbaladiza, de mirar oblicuo, de una cortesía empalagosa… Pues decía que ni doña Juana, ni ese señor, se han expresado ante mí con claridad. Todo ha sido medias palabras, reticencias, indicaciones equívocas que lastimaban mi decoro, sospecha de maldades que jamás han existido en mí. En fin, he salido de allí en una confusión espantosa. He salido de allí loca, desesperada. ¡Y esta es la hora, Dios mío, en que no sé lo que esa terrible santa quiere hacer de Rogelio, de mis hijos y de mí!

ALFONSO   Sosiéguese. Quizá peca usted de exceso de suspicacia y de pesimismo.

CASANDRA   Doña Juana y su consejero han envuelto mi espíritu en tinieblas densísimas que no me permiten ver con claridad lo que me rodea.

ROSAURA   Tú, Clementina, como la persona más querida de doña Juana, podrías disipar estas tinieblas. ¿Por qué no le dices…?

CLEMENTINA   ¡Oh, no! Por lo mismo que soy la primera en el corazón de mi tía, no debo meterme a investigar sus ideas, ni a contrariar sus planes, que siempre responden a un fin elevado. Solo puedo dar a usted un buen consejo…

CASANDRA   ¿A ver…?

CLEMENTINA   Procure usted, cuando hable con mi tía, no lastimar su fe ardiente, extremada quizá, con cierto aire de fanatismo…

CASANDRA   No es mal aire. Huracán dirá usted.

CLEMENTINA   Arrepentida usted de sus errores, si los hubo, y poniéndose a tono con ella, adaptándose digo, logrará usted…

CASANDRA   En ese terreno de la adaptación hice cuanto pude, mostrando a la señora mi conciencia con perfecta diafanidad. Entre ella y su nuevo administrador, o director de lo terrenal, me han sometido a un examen escrupuloso de doctrina cristiana. He contestado a sus preguntas declarando lo que sé y lo que ignoro, sin ocultar mis dudas…

CLEMENTINA   (*Con viveza.*) Dudas no, no. No hay que dudar.

ROSAURA   Creer, creer ciegamente.

CASANDRA   Por fin me sometí a cuanto quisieron impo-
            nerme, y a comenzar de nuevo mi educa-
            ción espiritual. Pero esto no me ha valido.
            Me piden algo que no puedo dar. Sin decír-
            melo claramente, quieren que me resigne a
            una gran desdicha, que será para mí peor
            que la muerte.

ALFONSO   Ahí está el punto; ahí está el nudo de la
            cuestión. Afrontémosla con valor. Doña Jua-
            na enriquece a Rogelio y le impone la sepa-
            ración, el divorcio civil podríamos decir.

CASANDRA   Y a eso no accederé nunca. Para consumar
            tal sacrificio no hallo resignación bastante
            en todo el cristianismo pasado y presente.

CLEMENTINA El conflicto es este. Usted ama a Rogelio,
            y él es, él, no mi tía, el causante de su des-
            dicha.

CASANDRA   No lo sería si doña Juana procediese con
            menos rigor en su afán de arreglar la vida
            humana.

ALFONSO   Entendámonos. Rogelio pasa por todo con
            tal de…

CLEMENTINA Se ve que no es hombre de corazón.

CASANDRA   Corazón tiene, pero su fantasía desborda-
            da lo aturde, lo extravía.

ROSAURA   Cuéntales todo, Casandra; que sepan las va-
             cilaciones de Rogelio, sus ensueños locos.

CASANDRA   Rogelio ha vivido siempre en una ligereza
             descuidada, simpática y graciosa, y ahora
             quiere parecerse a los que entristecen su alma
             con los negocios. Rogelio era la franqueza,
             el desprecio de la adversidad; era el ingenio,
             la poesía, y ahora se ha vuelto sombrío, ca-
             viloso, y se pasa la vida haciendo números.

ALFONSO   (*Risueño.*) Transición de las musas al posi-
             tivismo. Los poetas se vuelven capitalistas;
             la imaginación se ha hecho conservadora.
             Es un fenómeno natural en los tiempos que
             corren.

CLEMENTINA   ¿Y cree usted que en esa evolución ha per-
             dido el amor de Rogelio?

CASANDRA   No, no. Rogelio no ha dejado de amarme.

ROSAURA   La quiere lo mismo.

ALFONSO   Pero se va, se metaliza. Hija mía, aplíque-
             se usted con todas las fuerzas de su alma
             a retener al hombre, y deje a la santa en su
             altar.

CLEMENTINA   Ahora veo bien claro que ha equivocado
             usted el camino al venir a nosotros. Nada
             podemos hacer en su obsequio, y lo senti-
             mos mucho, créalo.

CASANDRA   (*Se levanta.*) Señora, otra vez pido a ustedes perdón, y aunque me juzguen impertinente, diré que la clave de este asunto es doña Juana, doña Juana es la clave. Yo, no solo acepto el casamiento religioso, sino que lo deseo; lo he deseado siempre. ¿Por qué ese afán de separarnos? Esto y mucho más he dicho a la señora, y ella rigurosa, y su director suavísimo, hablan de salvar mi alma, que yo no creo perdida. Si ustedes, señor marqués y marquesa del Castañar, quisieran interceder por mí, haciendo ver a doña Juana que no soy una mujer mala; si le tocaran al corazón hablándole de mis hijos, de mis pobres niños, de los cuales no me separaré mientras no me hagan pedazos; si ustedes le dicen esto, y algo más que les dicte su mucha bondad, seguramente la señora variará de propósito, y todos viviremos. Rogelio y yo seremos felices.

CLEMENTINA   Hija mía, no puedo. Doña Juana es muy buena, pero se aferra tenazmente a sus ideas, y si yo intentara desviarla de ellas, podría suceder… ¿No lo crees, Alfonso?… Podría suceder que se nos ocasionaran disgustos y algo más quizá.

ALFONSO   ¡Oh! No creo… Tú tienes su confianza…

CLEMENTINA   Si tengo su confianza, y ello es dudoso, no quiero perderla… No, no. Casandra, no podemos intervenir…

ROSAURA	Sí podéis. Compadecedla. Dadle siquiera esperanzas.
CASANDRA	(*Se aparta del grupo con intención de salir.*) Basta. No quiero molestar a estos señores con mis cuitas amargas, que debo devorar sola.
CLEMENTINA	Confíe usted en Dios.
	(*Entra* INSÚA *y permanece en el fondo de la escena.*)
CASANDRA	En Dios confío, y también en mi derecho… ¡Pues no faltaba más!… Confío en mi derecho y en mi tesón para mantenerlo. La mujer desvalida se defenderá por sí misma. Pidió amparo a los seres felices, y estos se lo niegan, temerosos de comprometer su felicidad. (*Con solemnidad y cierta inflexión irónica.*) Que Dios les conserve su ventura, que la gocen por muchos años… Mil perdones otra vez.
	(*Hace una reverencia y se retira hacia la puerta.*)
ROSAURA	¡Qué dolor!
	(*Compadecida, va detrás de* Casandra.)
CLEMENTINA	De veras siento no poder…

ROSAURA   ¡Ah! ¿Tú, Alfonso, no podrías…?

ALFONSO   Imposible. Tiemblo ante la esfinge.

             (*Salen por el fondo* CASANDRA, ROSAURA y CLEMENTINA, *que va a despedirlas.*)

Escena IV

Alfonso, Clementina e Insúa.

Insúa ¡Pobrecilla! Le ha llegado su hora.

Alfonso Es la primera víctima.

Clementina (*Vuelve por el fondo.*) Para mí que está loca perdida.

Insúa Ya, ya… No será el último caso de locura.

Alfonso Y vamos a lo nuestro. Esperábamos a usted, amigo, Insúa, con verdadera ansiedad.

Insúa No pude venir por la mañana. ¿Es esta buena hora?

Clementina Para usted ninguna hora es mala. Tome asiento.

Insúa ¿Estarán ustedes solos un rato largo?

Alfonso No esperamos a nadie.

Clementina (*Recelosa.*) ¿Por qué esa pregunta?

INSÚA   Es que… Les hablaré a ustedes de asuntos reservadísimos, en extremo delicados, que han de quedar, por ahora, entre nosotros.

CLEMENTINA   Descuide usted. Seremos la misma discreción.

(*Cierra la puerta.*)

ALFONSO   ¡Vaya, vaya, que se ha portado doña Juana con usted!

(*Se sientan los tres.*)

CLEMENTINA   ¡Pagar así treinta años de leales servicios!

INSÚA   De la honradez y lealtad de mis servicios no debo hablar yo… Mi rectitud está de tal modo grabada en la opinión, que no necesito salir en mi defensa… Dejo la administración de doña Juana tan puro como en ella entré.

ALFONSO   Cierto… Ella es la que pierde…

CLEMENTINA   Ha sido una gran ingratitud de esa buena señora… Y todo por una tontería…

(*Pausa.*)

INSÚA   (*Tras un momento de vacilación, se arranca por la sinceridad.*) Nada señora mía, nada… Con ustedes, personas razonables, personas

de mundo, puedo tener esta confianza…
En efecto, la Pepa… válgame la verdad…
la Pepa me agrada. Hace tiempo que bus-
caba yo una muchacha humilde y limpia
que me gobernara la casa… La casa de un
viudo sin hijos presentes, tiene no poco
que arreglar… La Pepa me ha conquista-
do, más que por sus ojuelos negros, por sus
cualidades… Yo, desde que era tamaña así,
la conocía… pues al padre de ella le tuve
de ordenanza cuando yo administraba la
Sacramental de San Nicolás… Luego la re-
comendé a doña Juana…

CLEMENTINA   (*Ardiendo en impaciencia, aprovecha el nombre de* DOÑA JUANA *para dar un corte a la
amorosa historia.*) ¡Ah, doña Juana!… Háblenos usted de ella, y luego nos contará
lo demás…

INSÚA   Lo mío no puede interesarles… Cosas de
mayor importancia les quería comunicar a
ustedes… para que antes que nadie conoz-
can y aprecien el desquiciamiento cerebral
de esa buena señora…

ALFONSO   De los últimos estragos de esa máquina des-
compuesta ya tenemos conocimiento.

CLEMENTINA   Sí, amigo Insúa… No se moleste en contar-
nos lo que yo he sabido por ella misma…
Su plan de reconocer a Rogelio un capital
de dos millones…

ALFONSO   Y de casarlo con la chica de Nebrija.

INSÚA   (*Se pone muy serio.*) No era eso… no era
             ese el asunto que yo le quería comunicar
             a usted cuando le pedí hora para una con-
             ferencia.

ALFONSO   Ya presumo que algo más grave ha de ser,
             pues ni Rogelio ni su casorio nos afectan
             nada.

INSÚA   Y esto sí, esto les afecta… y de un modo
             gravísimo… Perdónenme, queridos ami-
             gos, si la fatalidad me hace portador de las
             noticias más desagradables…

CLEMENTINA   (*Con gran consternación.*) ¿Ves, Alfonso,
             ves?… ¡La sombra negra que era mi espan-
             to desde que hablé con la tía esta maña-
             na!… Lo que te dije, desviada de nosotros,
             enojada con nosotros… ¡Oh Dios mío!

ALFONSO   (*Tranquilizándola.*) Deja, deja que hable
             Insúa.

INSÚA   Yo no tengo que guardar consecuencias a
             la señora marquesa de Tobalina, que me ha
             despedido como a un lacayo. Consecuencia
             guardo a ustedes, que siempre me han con-
             siderado y distinguido. Estimo a ustedes y
             empiezo por decirles que lo mismo debe im-
             portarles ya el enojo que el desenojo de esa
             funesta señora. (CLEMENTINA *traga saliva y*

oye, dudando de lo que oye.) Viven mis buenos amigos pendientes… esa es la palabra… pendientes de una esperanza, del testamento que otorgó doña Juana en diciembre de mil novecientos uno… pendientes, digo, materialmente colgados viven de aquella disposición testamentaria, porque en ella adjudica doña Juana a su sobrina carnal, aquí presente, todos los bienes raíces del llamado «latifundio»… con más buena cantidad de riqueza mobiliaria… (ALFONSO *no hace más que sobar su barba y mover nerviosamente los párpados.* CLEMENTINA *no tiene ya saliva que tragar.*) Pues bien… es muy duro decirlo, esas esperanzas y ese testamento y ese «latifundio», son ya hojas secas que se ha llevado el… (*Pausa. Silencio lúgubre.*), que se ha llevado el viento (*Lo repite con honda ronquera.*), que se ha llevado el viento.

ALFONSO   (*Sin volver de su estupor.*) Un testamento no puede ser anulado más que por otro testamento.

INSÚA   Un testamento es nulo desde el momento en que desaparece la materia testable.

CLEMENTINA   (*Intentando recobrar el uso de la palabra.*) Pero… explique… Mi tía… ¿loca…?

INSÚA   Doña Juana se desprende de toda su fortuna por medio de donaciones *inter vivos.* Así le queda el alma más ligera y ágil para volar

al cielo… ¿Qué? ¿No lo creen? (CLEMENTI-
NA, *como idiota, no afirma ni niega.*) Lo dice
quien ha preparado todo la documentación.

ALFONSO   (*Queriendo aparentar serenidad.*) ¿Pero cómo
puede ser?… Tenga la bondad, amigo In-
súa, de explicarnos la tramitación de ese
increíble reparto *inter vivos.*

INSÚA   Lo primero ha sido instituir en la cabeza
destornillada de Rogelio los dos millones…
Es para doña Juana cuestión de conciencia, un tributo necesario, siquiera tardío, a
la memoria de su esposo. Después se distribuye la cuantiosa propiedad urbana en
diferentes donaciones; la riqueza mobiliaria fácilmente y sin ninguna ficción sigue
el mismo camino. Y en cuanto al «latifundio», ultimada la negociación con el Banco
General de Agricultura, quedará converti-
do en mobiliario. (CLEMENTINA *clava sus
dedos en los brazos del sillón, horadando la
tela.*) Mi sucesor, el amigo Cebrián, termi-
nará entre mañana y pasado las operaciones
por mí preparadas, y… Me han asegurado
que algunas escrituras están ya extendidas…
En fin, que todo acabó… Vean un mundo
que se deshace…

(ALFONSO *hunde la barba en el pecho.*)

CLEMENTINA   (*Balbuciente, con lengua que quiere paralizar-
se.*) Pero, ¿a quién? ¿En favor de quién?…

INSÚA   Ya debió usted comprenderlo. El *para quién* está bien a la vista… como que está en todas partes. De todo ese caudal, que no baja de diecisiete millones… pero de duros, ¿eh? Será pronto heredero…, ya lo adivinan…, Dios, muy necesitado de bienes materiales, según doña Juana… Dios, creador y dueño de todo lo creado… Descalzo, pobre, sin tener una piedra en que reclinar su cabeza, anduvo nuestro Señor Jesucristo por el mundo, enseñando su doctrina sublime… Pobre y descalzo, lo llevamos nosotros en nuestros corazones. Doña Juana, más cristiana que el mismo Cristo, según ella, se aflige de ver a nuestro Redentor tan menesteroso, y emplea todo su dinero en proporcionarle zapatos de oro, corona de pedrería, manto bordado…

ALFONSO   ¡Horrible ironía!

INSÚA   (*Mirando al techo.*) Figúrense ustedes el gusto con que recobrará Dios todo ese capital, que era suyo y le fue arrebatado por el ladrón de Mendizábal. El noble Hilario, sin saber lo que hacía, compró el latifundio con dineros mal adquiridos… Pero al fin todo queda en casa, y el Altísimo muy contento con que las fincas urbanas y rústicas, y el cúmulo de acciones del banco y de valores públicos, vuelvan al sagrado tesoro…

CLEMENTINA	(*Sofocada.*) No siga usted, amigo Insúa… Yo le suplico que calle.
ALFONSO	¡Es increíble, monstruoso!
CLEMENTINA	Es una infamia, es desprecio de Dios y burla de los sentimientos más elementales… de la sociedad, de la familia. Pero dígame, Insúa, ¿reparte absolutamente todo? ¿Y ella…?
INSÚA	Para sí reserva solo cien mil duros, y del mundo se retira, desengañada de sus falaces pompas. Para estar más segura contra vanidades y más resguardada contra tentaciones, se recoge al convento de monjas franciscas de Medina de Pomar, donde ya le están preparando habitaciones con tribuna cómoda sobre la iglesia. Allí vivirá en éxtasis, hasta que Dios, su padre y heredero amantísimo, quiera llevarla a la eternidad gloriosa.
ALFONSO	(*Se levanta con brusca distensión de sus piernas.*) Siento aversión, asco de una sociedad en que son posibles estas indignidades, repugnancia también y desprecio de nosotros mismos, que hemos vivido tanto tiempo engañados por las promesas y el falso cariño de esa mujer. Basta. Hablemos de cualquier abominación de las muchas que existen en el mundo. Las más atroces nos refrescarán de la irritación de esta.

CLEMENTINA   ¿Y es permitido que los locos destruyan así la sociedad y la familia?

INSÚA   Señora, innumerables locos sueltos vemos por ahí, y ellos son los que nos dirigen y gobiernan.

CLEMENTINA   (*Se echa para atrás en el sillón, mirando al techo.*) ¡Y para ver esto vivimos!

ALFONSO   Vivimos en un mundo de ficciones, en un armadijo de noblezas figuradas y de distinciones mentirosas. Los ricos aparentan mayor riqueza, y los de un mediano pasar decoramos con talco nuestra medianía para parecer opulentos. Todo en nuestra vida es ilusorio, teatral y fantástico… Ningún noble empobrecido tiene arranque para irse a labrar las tierras vírgenes de América, ni virtud para esconder su pobreza en un rincón campesino entre villanos y animales. Ese valor lo tendré yo, yo, Alfonso de la Cerda. No quiero vivir más tiempo engañando al mundo y engañándome a mí mismo.

CLEMENTINA   Casi, casi, sin acordarme de que era huérfana me he criado yo, pues mis padres se llamaban don Hilario y doña Juana. No fue culpa mía tenerlos por padres, ni ha sido disparate pensar y creer que heredaría parte de su fortuna. ¿Por qué desde niña no me inclinaron a la pobreza? ¿Por qué no me echaron a una aldea, donde yo cuidaría ovejas o cabras, traería agua de la fuente y me casaría con un pastor? ¿Qué culpa tengo de que la propia doña Juana, ella, ella, me criara señorita, con todo el regalo y las pretensiones de una heredera de marqueses?... No, no es una ridiculez, no es locura que yo me haya colgado a esas esperanzas, que haya vivido de la sustancia de ellas, y que las haya hipotecado a la sociedad, tomando de esta la representación que por mis esperanzas me daba.

ALFONSO   Clementina, seamos humildes.

CLEMENTINA   Yo no puedo serlo. Esta desesperación ha de matarme. No sobreviviré a esta burla indigna, que pisotea toda mi existencia. (*En un arrebato de furor se pone de pie, altanera, majestuosa.*) Debiéramos las madres pobres ahogar a nuestros hijos antes que criarlos en la ilusión de una herencia. ¡Maldita sea la hora en que fui madre y aumenté el número de los engañados por fantasmagorías vanas! ¿Por qué no fui estéril?... Una sociedad como esta, incapaz de impedir iniquidades de tal calibre, debe ser aniquilada, dejando el territorio a las cuadrillas de gitanos. ¡Oh problema sin solución y angustia sin alivio!... Yo me sentía fuerte en la sociedad; andaba en ella con paso firme... Ahora tendré que andar azorada y corrida. (*Con desvarío.*) ¡Ah! No, no quiero oír las burlas, (*Se tapa los oídos.*) no quiero oír los chistes con que celebrarán mi horrible desengaño… no quiero, no quiero.

(*Se deja caer en el sillón.*)

ALFONSO   (*Acude a ella, asiéndola por los brazos.*) Clementina, por Dios, ¿qué delirio es ese…?

INSÚA   Señora, sosiéguese… Piense en sus queridos hijos.

CLEMENTINA   (*Con mayor trastorno.*) Hijos, más os valiera no haber nacido, que crecer en el regazo de una madre idiota, porque lo he sido, idiota he sido hasta hoy… Vea usted, señor de Insúa, mis pobres niñas, María Juana y Beatriz, tan buenas, tan inocentes, tan puras, serán las primeras en llamarme imbécil… Para tener a doña Juana contenta, les hemos puesto un director espiritual, que no las deja respirar, que llena sus pobres almas de terror y las priva de los esparcimientos más inocentes. ¡Horrible, horrible! Cuando mis hijas despierten de esa embriaguez y comprendan toda la hipocresía que encierra, no maldecirán a doña Juana, sino a mí, a su madre… Y lo merezco… lo merezco.

(*Presa de un violento furor, se abofetea.* ALFONSO *trata de calmarla.*)

ALFONSO   Vida mía… ¿qué es eso… qué dices… qué haces?

CLEMENTINA   (*Cae en el sillón, como si cediera súbitamente el espasmo.*) ¡Alfonso, Alfonso… hijos míos!

ALFONSO   (*Muy cariñoso.*) Clementina, no desesperes. Dios no nos abandonará.

CLEMENTINA   (*Aprieta los dientes.*) ¡Dios! (*La dama parece que hace una presión violenta sobre sí misma.*) No, no diré una blasfemia… Mi tía me ha enseñado a no creer… No me enseñará a blasfemar.

ALFONSO   ¡Por Dios, no desvaríes!

INSÚA   (*Consternado.*) Siento haber sido causa de esta turbación… digo, causa no soy.

ALFONSO   (*A* INSÚA.) Hágame el favor… Avise a las niñas…

               (*Desaparece* INSÚA *presuroso por la puerta de la derecha, para volver al instante con las niñas.*)

CLEMENTINA   (*Acometida de risa histérica.*) Ja, ja, me río de mí misma; me muero de ridiculez, ¡ja, ja!

Escena V

Los mismos y María Juana y Beatriz, *presurosas; tras ellas,* Insúa; *después, la* Institutriz *y una criada.*

María Juana   (*Corre hacia su madre.*) Mamá, ¿qué es eso?

Beatriz   (*Lo mismo.*) Mamá, mamita.

Alfonso   No es nada. Un vahído…

Insúa   No se asusten… Una pequeña contrariedad.

María Juana   (*Lloriqueando.*) ¡Ay, Dios mío!

Alfonso   Chiquillas, no es nada. Se pondrá peor si os ve llorar.

Beatriz   Una taza de tila.

Insúa   Sí, sí.

(*Sale* Beatriz *corriendo por la derecha.*)

María Juana   (*Viendo que* Clementina *cierra los ojos.*) Mamá, mamá.

CLEMENTINA (*Que ha pasado bruscamente del estado histérico a un estado de sopor.*) Dios se ha dormido… Durmamos… El mundo se muere de imbecilidad…

(*Se queda como aletargada.*)

ALFONSO (*Llamándola.*) Clementina.

(*Entran corriendo* BEATRIZ, *la criada y la* INSTITUTRIZ.)

MARÍA JUANA Mamita, vuelve en ti.

BEATRIZ Mamá, ¿no nos ves? Somos tus hijitas.

(CLEMENTINA *abre los ojos, yergue la cabeza, mira a todos como asustada.*)

ALFONSO Ya pasó, ya estás bien.

CLEMENTINA (*Con voz lúgubre, cavernosa.*) Si yo fuera hombre no pasarían estas infamias… o tendrían el debido escarmiento. ¿Verdad, Alfonso, que ya no hay hombres?

ALFONSO Ya no. Los hombres se fueron.

CLEMENTINA (*Repite como un eco que se extingue.*) Ya no hay hombres… Los hombres se fueron. (*Se levanta bruscamente creyendo oír pasos.*) ¿Quién es? ¿Quién entra?

(*Se abre lentamente una de las hojas de la puerta del fondo.*)

ALFONSO   No viene nadie.

MARÍA JUANA   Nadie viene.

BEATRIZ   Nadie, mamá.

CLEMENTINA   (*Con exaltación y desvarío.*) Es ella, es ella; ven, pasa.

TODOS   ¿Pero quién?

CLEMENTINA   (*Delirante, fija sus ojos en la puerta. Sigue con la mirada y la indicación de la mano a una figura invisible que entra.*) ¿No la veis? Casandra…

(*Todos se miran aterrados.*)

Fin del Acto Segundo.

Acto Tercero

Habitación amplia y modesta en casa de Is-
MAEL y ROSAURA, dispuesta para los trabajos
de ingeniería industrial y mecánica. Mesas
de escribir y de dibujar; librería; en las pare-
des, grandes planos de máquinas y edificios
industriales, instrumentos de física, muestras
de hierros, cables, etcétera…. Puerta al fon-
do, por donde entran los que vienen de la ca-
lle; puertas laterales. Es de día.

Escena I

ISMAEL, *trabajando en la mesa de dibujo. Por la puerta del fondo, abierta, se ve desfilar a los niños y niñas mayores de* ISMAEL, *y se oye su alegre cháchara al salir para el colegio.* ZENÓN *de Guillarte, que entra por el fondo después que han pasado los chicos.*

ZENÓN
¡Demonio con la fecundidad! Creí que me arrollaba el rebaño de tus hijos, que salen para el colegio. Seis he contado.

ISMAEL
Pues aún quedan aquí los dos pequeños.

ZENÓN
¡Ocho críos! Parecen ochenta por el ruido que meten.

ISMAEL
Y ochocientos por los zapatos que me rompen.

ZENÓN
Divertido estás, como hay Dios. Pero, en fin, gracias a ti y a esa santa fecundísima que tienes por mujer, no se acabará el mundo por ahora… ¿Trabajas?

ISMAEL
(*Sin mirarlo.*) Ya lo ves.

ZENÓN   (*Mira el dibujo.*) Ascensores eléctricos. ¿Te estorbo?

ISMAEL   (*Displicente.*) Sí.

ZENÓN   Pues, abur.

ISMAEL   No, aguárdate, amable cínico. Dime algo que me quite esta negra melancolía.

ZENÓN   ¿Murrias tenemos? (*Con sonrisa de satisfacción.*) Pues yo… ¿No me ves?

ISMAEL   (*Con viveza.*) ¿Qué? ¿Qué dices, qué sabes?

ZENÓN   (*Muy risueño.*) No sé si será discreto que yo te revele la causa de mi júbilo.

ISMAEL   (*Irritado.*) ¿Qué es? Dilo pronto.

ZENÓN   Verás… Te advierto que mi sinceridad no me permite enmascarar mi alegría con falsas demostraciones de duelo.

ISMAEL   (*Airado.*) ¿Acabarás?

ZENÓN   No acabo, sino que empiezo contándote que el médico de doña Juana, señor Bustamante, lumbrera de ciencia, me ha dicho hoy… fíjate en esto, Ismael, hoy, que tu señora tía no resistirá un segundo ataque.

ISMAEL   (*Con gesto despectivo.*) Déjame en paz. Siempre viviendo de ilusiones fúnebres. Anda, que si mi mujer te oyera, buena se pondría.

(*Vuelve a su trabajo.*)

ZENÓN   (*Fluctuando entre la risa y la seriedad.*) No es que yo me alegre del pronóstico de Bustamante, ¡pobre doña Juana! Yo sentiré que se pierda esa existencia preciosa.

ISMAEL   (*Sin apartar los ojos de su dibujo.*) Lárgate, Zenón. Tus desatinos me ponen de peor temple.

ZENÓN   Bien dice Insúa, que todos los herederos de doña Juana están desequilibrados. Yo, no. Zenón el cínico se mantiene en su dulce serenidad. (*Se pasea tranquilamente por la estancia, se para frente a un gran dibujo de máquinas colgado en la pared derecha.*) Mientras tú dibujas, yo admiraré tus magníficos proyectos. (*Habla con el dibujo.*) Hermoso artificio, ingeniosa creación de la mecánica, tú funcionarás con provecho cuando sobrevenga lo que espero, lo que está al caer. ¡Ah! En ese día venturoso, Alfonso con su agricultura, y este con su industria, saldrán de sus angustiosas estrecheces. (*Sigue hablando solo, paseándose por el proscenio.*) Ellos serán trabajadores, yo bandolero, o lo que es lo mismo, facineroso que acecha al caminante en las encrucijadas de la usura.

ISMAEL	(*Soltando los lápices, se vuelve furioso hacia* ZENÓN.) ¿Qué hablas ahí, majadero?
ZENÓN	(*Impasible.*) Yo pienso. Tú dibujas. Veremos qué máquinas valen más, esas o las mías.
	(*Apunta a su sien.*)
ISMAEL	¿Pero a qué vienes tú aquí, pelmazo?
ZENÓN	He venido a hacer tiempo.
ISMAEL	Di que vienes a quitármelo.
ZENÓN	(*Con gran flema, se sienta.*) Yo hago tiempo.
ISMAEL	¿Para qué?
ZENÓN	Para ir a enterarme de ciertas cosas que a todos nos interesan.
ISMAEL	(*Con viveza.*) ¿Sabes algo? Dímelo pronto.
ZENÓN	Sé que en el segundo ataque…
ISMAEL	¡Bah, bah…!
ZENÓN	(*Con misterio.*) He visto a Cayetana Yagüe entrar presurosa y escurridiza en el palacio de doña Juana.

ISMAEL   Entraría como una rata que olfatea el que-
               so. ¿Y qué llevaba?

ZENÓN   Un manojo de cirios envueltos en un paño
               negro.

ISMAEL   ¿Cirios? ¿Iba sola?

ZENÓN   Con ella iba un ratoncillo: Rogelio.

ISMAEL   (*Asombrado.*) Desde ayer lo estamos bus-
               cando, y no hemos podido dar con él. La
               pobre Casandra está desolada. ¿Por qué no
               vas a coger a ese pillo a la salida del pala-
               cio y nos lo traes aquí?

ZENÓN   No querrá venir. Se encuentra en una gra-
               ve crisis…

ISMAEL   Crisis de infidelidad y traición.

ZENÓN   Crisis de vida. El dinero es la vida, y la vida
               es evolución constante… Pero Rogelio,
               creo yo, estudia una metamorfosis con en-
               gaño supuesto y traición fingida. Como
               buen poeta, hace de lo negro blanco.

ISMAEL   Mala cosa es encender una vela al amor
               o a las musas, y otra a la presa vil de los
               intereses.

ZENÓN   Yo creo que Rogelio nos prepara un poema
               en el que al fin quedará burlada doña Juana.

ISMAEL   Ella será siempre la burladora.

ZENÓN   Mientras viva, sí, pero…

ISMAEL   Eres la corneja agorera de muertes.

ZENÓN   Di que soy profeta. (*Cierra los ojos.*) En este momento, una visión telepática me dice que del palacio de doña Juana sale alguien corriendo… para avisar a la funeraria.

ISMAEL   (*Sonriente.*) ¡Qué célebre! ¿Has dicho que en el palacio acecharás la salida de Rogelio?

ZENÓN   No. Lo cogeré en el café de esa esquina, donde está citado con Adrián Berdejo, otro de los parientes pobres que esperan la caída del maná.

ISMAEL   ¿En ese café? (*Con idea repentina.*) Pues te acompaño. Así sabremos… (*Nervioso, impaciente, busca su sombrero.*) Mi sombrero…

ZENÓN   (*Impasible.*) No hay prisa. Aún es temprano.

ISMAEL   No, no puedo ir contigo. No me muevo de aquí hasta que venga Rosaura, que también ha ido a casa de la tía. Vivo en una incertidumbre horrible. Estoy en capilla. Mi alma es un péndulo. (*Se balancea.*) La ejecución, el indulto; el indulto, la ejecución.

ZENÓN   (*Mira su reloj.*) Seguiré haciendo tiempo un poquito más.

Ismael	(*Paseando con gran desasosiego.*) No quiero yo hacer tiempo, sino deshacerlo. Rosaura me traerá la verdad.
Zenón	(*Flemático.*) Quizá tu mujer no vuelva tan pronto. Yo adivino, Ismael, yo veo lo distante. Rosaura tendrá que asistir a doña Juana, ponerle sinapismos, prolongarle la vida con balones de oxígeno.
Ismael	No sueñes, Zenón. Pon freno a tu cinismo.
Zenón	(*Inclinado a la jovialidad.*) La sutileza de mis sentidos me dice, querido Ismael, que debemos estar alegres.
	(*Le palmotea en el hombro.*)
Ismael	Quita, quita. Déjame.
Zenón	Pues, chico, tú estarás todo lo triste que quieras…
Ismael	(*Se pasea con gran agitación.*) Desesperado.
Zenón	(*Risueño.*) Pero yo, ya lo ves, no puedo ocultar mi contento, alegría cínica si quieres. Yo entiendo por cinismo todo lo contrario de la hipocresía.
Ismael	¡Qué ansiedad! ¿Será cierto que…?
	(*Se golpea el cráneo.*)

ZENÓN   Impaciente aguardas a tu mujer. Pues aho-
             ra vas a ver mi poder de adivinación. Ro-
             saura ha entrado en el portal, y ya sube la
             escalera.

ISMAEL   ¡Oh! ¡Si fuera verdad! La pobre sube con
             lentitud, tardará un rato en llegar. (*Se acer-
             ca a la puerta y pone el oído a los ruidos de
             la escalera.*) Me parece que has acertado.

ZENÓN   ¿Lo ves?

ISMAEL   Pues, aciértame otra cosa, cínico. ¿Mi mu-
             jer, viene triste o alegre?

ZENÓN   ¡Ah! Rosaura trae máscara tristísima, más-
             cara de abatimiento. Lo que hay debajo de
             esa careta, no lo sé. Mis ojos de cínico no
             llegan a tanto.

ISMAEL   (*En la puerta.*) Pues sí que es ella. Voy a
             abrirle.

ZENÓN   Estos pobres tontos sufren y se afligen por-
             que no estudian como yo la lógica vital.
             (*Reclina la cabeza, mirando al techo, se en-
             trega a sus meditaciones.*) Ochenta mil du-
             ros me tocan, ochenta mil, que deducidos
             los derechos reales quedan en setenta y dos
             mil. Colocada esta suma al ochenta por
             ciento, tendré…

(*Entran por la izquierda los dos chiquillos menores, cuatro y seis años, con la criada,* SEVERIANA. *Visten modestamente, con delantalitos blancos. Corren al encuentro de la madre, gritando:* «Mamá, mamita».)

Escena II

Los mismos y ROSAURA, *que entra con* ISMAEL *por el fondo.*

ROSAURA   (*Fatigada y displicente.*) Gracias a Dios que me veo en mi casa. (*Se sienta. Los chiquillos la rodean. Quieren subirse a su regazo. La besan y la acarician.*) ¡Ay hijos! Dejadme ahora.

ZENÓN   (*La saluda muy fino.*) *Mater admirábilis, mater fecundíssima.* Celebro ver a usted tan contenta.

ROSAURA   (*Con acento tristísimo.*) ¿Contenta yo? ¡Qué burla! (*A la criada.*) Llevátelos, Severiana. Entretenlos allá. (*Besa a los chiquillos.*) Prenditas, idos al comedor. Yo iré pronto.

            (*Se va* SEVERIANA *con los niños.*)

ZENÓN   ¿Y qué? ¿Está bien mi amada tía política?

ROSAURA   No va mal. La encuentro muy entonadita.

ISMAEL   ¿Ves?

Zenón	(*Aparte, a* Ismael.) ¡Cómo disimula tu mujer la verdadera situación!
Rosaura	¡Pillo! Usted no quiere a su tía, que es tan buena…
Zenón	¡Oh!… Sí la quiero. Mi mayor gozo es que alargue sus preciosos días.
Ismael	Eso deseamos todos. (*Impaciente.*) Bueno, Rosaura, dime…
Zenón	Si estorbo me retiro.
Rosaura	Espere un ratito.
Ismael	Tiene que ver a Rogelio en el café de la esquina.
Rosaura	No se ocupen ya de ese hombre, que tengo por cosa perdida.
Ismael	¿Lo viste en casa de la tía?
Rosaura	Allí estaba, pero no lo vi. Oí el runrún de su voz y de la voz de Cebrián hablando en la estancia próxima. Si no me engaño, oí también el mosconeo de Cayetana Yagüe, la tos perruna de Nebrija y el chillido de Amelia.
Ismael	Ya.

ROSAURA   Yo suplico a Zenón que se desentienda de Rogelio y me haga un recadito.

ZENÓN   Estoy a sus órdenes.

ROSAURA   Hágame el favor de ver a Casandra, que estará en su casa, y decirle que se llegue acá lo más pronto que pueda. Estoy fatigadísima. Me han dado para ella una comisión, un encargo muy delicado que debo cumplir personalmente.

ISMAEL   Anda, anda, te la traes acá.

ZENÓN   Al momento… si quiere venir.

ROSAURA   Vendrá.

ZENÓN   (*Aparte, a* ISMAEL.) Yo veo aquí un gran misterio. Sácale a tu mujer la verdad. (*Bajando más la voz.*) Doña Juana está moribunda.

ISMAEL   (*Aparte, a* Zenón.) Todo se sabrá. Vete pronto.

      (*Se va* ZENÓN *por el fondo.*)

Escena III

ISMAEL y ROSAURA.

ISMAEL   Dime la verdad. ¿Ha tenido la señora otro ataque?

ROSAURA   Quita, hombre. ¡Si está vendiendo vidas!

ISMAEL   ¿Por qué has tardado tanto?

ROSAURA   Porque me entretuvo con sus divagaciones por lo terrenal y por lo místico. Tú sabes que repite una idea veinte veces, y que nunca se explica con claridad.

ISMAEL   (*Impaciente.*) ¿Para qué te llamó?

ROSAURA   Para confiarme una misión delicada.

ISMAEL   Para fastidiar, para quitarnos el tiempo. (*Ve que* ROSAURA *saca del pecho dos sobres que contienen billetes.*) A ver, ¿te ha dado algo?

ROSAURA   Sí… Este… no me vaya a equivocar… es para nosotros… Cien duros…

ISMAEL   (*Sarcástico, coge el sobre.*) El socorro ex-
          traordinario para estos pobres... Lo terri-
          ble es que sobre tales miserias tiene uno
          que poner la flor de la gratitud.

ROSAURA   Este otro es para que se lo dé a Casandra,
          al tiempo de notificarle las amarguras que
          la esperan.

ISMAEL   (*Displicente.*) Para esas encomiendas de
          traer y llevar amarguras, estamos aquí
          nosotros... Y estos burros de carga, auxi-
          liares de sus planes malditos, ¿no merecen
          mejor trato?... ¿No le has dicho el conflic-
          to en que estoy?

ROSAURA   Hoy, como siempre, le eché la jaculatoria
          de tus industrias, de tu falta de capital...
          pero ya sabes. Ella cumple con su risilla he-
          lada, y su frase de letanía: «Tantas máqui-
          nas darán a Ismael mucho dinero».

ISMAEL   Mis máquinas no darán nunca tanto pro-
          vecho como la santurronería fetichista y
          grosera. Yo no adulo a doña Juana. La adu-
          lación pugna con mi carácter honrado y
          leal.

ROSAURA   Siempre he creído que debemos ser bue-
          nos, y cumplir sencillamente y sin apara-
          to nuestros deberes. Yo sigo adelante por
          mi camino estrecho, con mi carga de obli-
          gaciones, fatigada, pero con mi conciencia

bien tranquila, eso sí, esperando lo bueno y lo malo que Dios quiera mandarme.

ISMAEL   Por eso eres tú la verdadera santa, no ese ídolo chinesco, que se adora a sí mismo.

ROSAURA   No soy santa, pero sí creyente, y como creyente, siempre espero.

ISMAEL   ¡Esperar! No pronuncies el verbo fatídico que creo ha de ser la inscripción del purgatorio: «Aquí están los que esperan...». Pero hemos olvidado lo principal. Dime, Rosaura, hablando con doña Juana, observándole el rostro, olfateando el ambiente que la rodea, personas y objetos, las vagas proyecciones de lo espiritual sobre lo material, ¿has podido confirmar lo que anoche nos dijo Pepa?

ROSAURA   Oí, vi y observé; mas no pude confirmarlo. Tal monstruosidad no puede ser cierta.

ISMAEL   Los planes monstruosos suelen ir hacia la certeza más aprisa que los razonables... Si hace mi tía lo que Pepa nos anuncia, es que quiere hundirnos, quiere aplastarnos... Quizá lo merecemos. Hace tiempo que veo en doña Juana el mensajero del mal, el ángel terrible que trae a la humanidad todos los trabajos y dolores a que está condenada.

ROSAURA   (*Medrosa.*) No pienses eso, Ismael... me da miedo ver en ti ese pesimismo negro. No, no.

Escena IV

Los mismos y SEVERIANA.

SEVERIANA   (*En la puerta de la derecha.*) Señora, un momento.

(*Se acerca* ROSAURA *a la puerta y habla con* SEVERIANA *en voz baja.*)

ISMAEL   ¿Qué ocurre? ¿Quién ha venido?

ROSAURA   (*Después de oír a la criada.*) Clementina.

ISMAEL   ¿Por qué no pasa?

ROSAURA   (*Trémula.*) Dice que quiere hablar conmigo.

ISMAEL   Hablar contigo a solas. Vete. Sepamos de una vez… Inmenso enigma nos rodea. Si hemos de morir, muramos pronto.

ROSAURA   Aguárdame.

(*Se va.*)

ISMAEL   Severiana. (*Se acerca* SEVERIANA.) ¿Ha venido sola Clementina?

SEVERIANA   Sola… Por cierto que al pronto no la co-
             nocí; tan desmejorada está. Su palidez es
             como de persona muerta o convaleciente
             de larga enfermedad. ¡Cosa más rara! Ayer
             la vi lozana y hermosa… Viste de luto ri-
             guroso. Su voz me ha sonado como un res-
             ponso… Me da miedo, señor.

ISMAEL   Y yo tiemblo. ¿Qué tremenda fatalidad nos
             acecha?… Vete allá… Que acaben pronto.
             Que me saquen de esta horrible agonía.

SEVERIANA   (*Se dirige a la puerta.*) Señor, ya vienen.

Escena V

ISMAEL, ROSAURA y CLEMENTINA. *Aparece primero por la derecha* ROSAURA, *consternada, tapándose la boca con el pañuelo. Tras ella* CLEMENTINA, *que permanece junto a la puerta en grave actitud de duelo, rígida. Su palidez intensa revela un estado de atonía dolorosa. Se va* SEVERIANA.

ROSAURA (*Avanza hacia su marido.*) Ismael, querido Ismael…

ISMAEL (*Con viva ansiedad.*) ¿Qué?

ROSAURA Clementina me dijo que debía prepararte.

ISMAEL Dilo sin preparación. Prefiero el golpe duro. Prefiero el hachazo. ¿Es verdad lo que nos dijeron anoche?

ROSAURA Sí.

ISMAEL Todo acabó. ¡Maldita ilusión, terminada en catástrofe!

CLEMENTINA (*Con acento sibilítico.*) Tú lo has dicho. Es la catástrofe de las esperanzas, del engaño sostenido por ella misma… Conocemos todos los pormenores de este acto de barbarie. ¡Bien nos la ha jugado! ¡Con qué crueldad nos arroja al abismo esa… esa señora, que a ti y a mí, cuando éramos niños, nos acariciaba con mano blanda de madre, y después, año tras año, nos ha hecho creer que nuestros hijos eran su natural familia, como nacidos de sus entrañas!

(ISMAEL, *desesperado, se deja caer en una silla, y se agarra el pelo con la mano crispada.*)

ROSAURA   (*Cariñosa, toca en el hombro a su marido.*) No es desgracia irreparable. Tenemos tesón y fibra para esa desventura y para muchas más.

ISMAEL   (*Con cierto desvarío.*) ¡Dios omnipotente, creador de los cielos y de la tierra, heredero de doña Juana! Con esto pensará mi tía sacar del purgatorio al ladrón de don Hilario… será para llevárselo consigo al infierno… ¡Es para reír! ¡Cómo se alegrará el infierno!

ROSAURA   ¡Hijo mío, no maldigas, no blasfemes!

CLEMENTINA   (*Se aproxima.*) Yo también maldije y blasfemé, yo también perdí la razón al conocer esta iniquidad. ¡Horrible noche! Al amanecer, recobrada ya de mi locura, lloré por mi marido y por mis hijos… La voz de Dios resonó en mi alma, diciéndome: «Ni tú ni tus hijos me maldigáis. Al daros vida, os entregué a los azares del mundo. Todos habéis nacido desnudos y pobres… La riqueza es manejo vuestro. Los humanos la recogéis y la repartís a vuestro gusto. No por ricos, sino por humildes, entraréis en mi reino».

ROSAURA   Y, sobre todo, Ismael, pongámonos en el terreno de la razón. Tu tía es dueña de hacer con sus capitales lo que quiera.

CLEMENTINA Según la pura razón… así es.

ROSAURA   Has de conceder que no tenemos derecho…

ISMAEL   Derecho, conforme al llamado derecho, no tenemos… eso es verdad…

CLEMENTINA Pero conforme a la ley de Dios, a la ley de naturaleza, entendámonos… teníamos derecho…

ISMAEL   Teníamos derecho… Es tan claro como la luz.

CLEMENTINA (*Enérgica.*) Tan claro como el sol que nos alumbra. Se nos ha engañado.

ISMAEL   (*Se da un fuerte golpe en la rodilla.*) ¡Se nos ha robado!

ROSAURA   (*Muy apurada.*) No, no, Ismael; no, Clementina. Es absurdo negar el derecho de la tía…

ISMAEL   (*Gritando.*) Pero el derecho no es razón, Rosaura. ¿O es que entiendes tú por razón la propia sinrazón?

(*Se levanta, da vueltas por la estancia.*)

CLEMENTINA   (*A* ROSAURA, *con mayor vehemencia.*) No sostengas ahora que ha hecho bien.

ROSAURA   ¡Si yo no digo que ha hecho bien, Clementina!… No es eso. El proceder de doña Juana ha sido muy malo.

ISMAEL   (*Airado, manotea.*) Ha procedido como una hipócrita malvada y cruel…

CLEMENTINA   Como una madre desnaturalizada.

ROSAURA   No exageréis. Cierto que no ha sido leal, porque os hizo creer que seríais sus herederos… pero como derecho…

ISMAEL   (*Echando fuego por los ojos.*) ¿Tú qué sabes?

ROSAURA   Es cuestión no más que de sentido común.

ISMAEL   (*Se dispara.*) No me repliques. Yo afirmo que hemos sido estafados, y a lo que yo digo y sostengo no tienes tú que replicar. (*Gritando.*) ¿Oyes lo que digo?

ROSAURA   (*Humilde.*) Sí, oigo.

ISMAEL   (*Ciego, fuera de sí.*) ¿Y todavía insistes?…
               ¡Mira que…!

ROSAURA   No hijo, no insisto. Tú tienes razón, yo no.

CLEMENTINA   No te exaltes, Ismael… Calma, calma. Tu
               mujer no merece estos chillidos. Conside-
               ra que la sociedad está llena de injusticias,
               contra las cuales nada podemos.

ROSAURA   Nada podemos. La miseria y el dolor nos
               acechan siempre.

CLEMENTINA   El mundo se compone de emboscada trai-
               cioneras. Es nidal de bandidos.

ROSAURA   Lugar de sufrimiento, valle de lágrimas.

ISMAEL   (*Sombrío.*) Así lo llaman los que lloran. Va-
               lle de risas debieran llamarlo los que tie-
               nen acotados para sí todos los goces de la
               vida.

ROSAURA   ¡Cálmate, por Dios!

ISMAEL   No me resigno a ser el eterno llorón en las
               partes sombrías de ese valle donde otros
               ríen y gozan. (*A* CLEMENTINA.) ¿Y cómo ha
               quedado Alfonso después del terremoto?

CLEMENTINA   Alfonso es un carácter entero y magnánimo. Acepta sin ira los hechos, y confía en su propia voluntad para luchar con el destino. Esta tarde se va al Pardal, nuestro único abrigo después del terremoto. Ha quedado en venir a recogerme aquí. Alfonso, como yo, te dirá: «Ismael, no te rindas; ármate de paciencia y energía; trabaja, y Dios te ayudará».

ISMAEL   ¿Cuál de los dioses?

CLEMENTINA   ¿Acaso hay más de uno?

ISMAEL   Hay dos: el de doña Juana y el de sus víctimas.

ROSAURA   No hay más que uno, Ismael: el mío. ¿No conoces el mío?

ISMAEL   Lo conocía... Pero después de este cataclismo, mi mente y mis ojos me dan la impresión de una divinidad de dos caras, como el Jano de los antiguos... Sin duda existen dos dioses, el Dios de los ricos y el de los pobres. El primero es el que sostiene a todos los gobiernos y el inspirador de los que legislan; un Dios político, gubernamental, militar, judicial, administrativo y un poquito burocrático. Este Dios de los ricos es el que ordena y dirige la beneficencia pública, el que manda pagar las contribuciones, el que distribuye libros y programas a los maestros, fusiles a la guardia civil y millones a los frailes; bendice los altares, las máquinas, las banderas, los barcos, y me parece que bendice también la *Gaceta*; este dios, en fin, es el que nos hizo creer que seríamos ricos, y ahora nos deja en la mayor pobreza y abandono… El otro dios, el de los pobres, es el que recoge a los que se pasan la vida encorvados sobre la tierra, sobre una máquina, sobre un pupitre, trabajando sin recompensa. Este Dios triste es invocado en los hospitales, en las guardillas, en las cárceles. Su nombre encabeza las cesantías, los desahucios, los embargos, y se confunde con todo suspiro y toda expresión de congoja… Pues bien, Clementina, tú y Alfonso, desairados por el Dios oficial, legal y pontificio, revestido de púrpura, os encomendáis al Dios de los pobres, andrajoso y mísero, sin influencia en la cosa pública, ni bienestar en la privada. Yo no, Clementina, puedes decírselo a tu marido. Yo no me paso del dios rico al dios pobre. Yo no quiero cuentas ya con ningún dios grande ni chico, rico ni pobre, sino que arramblo con todos los dioses y los arrojo en esta hoguera que tengo aquí, encendida por la iniquidad de doña Juana.

ROSAURA   ¡Cómo estás, Ismael!

ISMAEL   (*Se cruza de brazos ante su mujer y* CLEMENTINA.) ¿Paciencia me pedís? ¿Trabajo me recomendáis? Si diez años ha me hubieran

dicho esto, yo habría tomado otro rumbo.
¿Puedo tomarlo ahora?... ¡Empezar de nuevo, cuando se creía llegado el fin!... ¡Imposible! ¡No me pidáis trabajo superior a las fuerzas humanas! Ignoro lo que haré...
Por de pronto, no se me ocurre más que
gritar. Chillaré, alborotaré dentro y fuera
de casa..., no puedo contenerme. Reclutaré a todos los desesperados que encuentre,
y han de ser muchos, porque estamos en
la tierra de la desesperación. Reclutaré pilletes, ociosos y vagabundos, que los hay,
son contingente infinito... Me declaro revolucionario callejero entre tantos que lo
son y no se atreven a mostrarlo fuera de
sus casas. Soy rebelde que chilla, para ejemplo de los miles de rebeldes solapados que
callan... (*Circula por la habitación manoteando.*) Esta noche acabaré en la cárcel...
Pero ni en la cárcel me humillaré ante ninguna divinidad rica ni pobre.

(*Trata de salir; las señoras lo contienen.*)

ROSAURA   Juicio, Ismael.

CLEMENTINA   No lo dejes salir.

ISMAEL   (*Rechaza las manos de su mujer, que quiere retenerlo.*) Quita, quita... Dejadme, mujeres débiles, encadenadas a la mentira.

CLEMENTINA   ¡Jesús!

ISMAEL (*Descompuesto, trastornado.*) Quiero salir. Quiero gritar: ¡Abajo las fortalezas de injusticia y opresión! ¡Arriba nosotros, la turba, los desesperados, los desengañados!

ROSAURA (*Lloriqueando.*) Por la Virgen, Ismael, no pierdas la razón.

ISMAEL Suéltame, lloricona… ¡También tú!… Eres la oveja sin seso que se humilla ante la superstición… Déjame, pasta de bondad inútil, de clemencia vana.

ROSAURA (*Siente que entra alguien.*) Aguarda. Alguien entra. ¿Será Casandra?

CLEMENTINA Creo que es Alfonso.

(*Va hacia la puerta.*)

ISMAEL ¡Oh, Alfonso, grande amigo! Ven, ven. Tú eres de los míos, de los desengañados, de los desesperados.

Escena VI

Los mismos y ALFONSO *que al entrar por el fondo ha oído las últimas palabras de* ISMAEL.

ALFONSO

Desengañado, sí; desesperado, no. Temblé de sorpresa y coraje al saber por Insúa la tremenda verdad. Pero, pasada la tormenta, el alma se me despejó como un cielo que recobra todas sus luces. Ya vivo en mi propio ser, ya he roto todo lazo con el ser de doña Juana. Ya no me cuido del destino que llevan riquezas que no fueron mías, ni lo serán jamás.

ISMAEL

Yo no me resigno, yo protesto…

ALFONSO

¿No me ves tranquilo? ¿No me ves contento?

ROSAURA

Mírate en mi espejo, marido mío.

ISMAEL

Alfonso es un alma grande, el alma mía es enana y rastrera.

CLEMENTINA

Los pequeños, hermano mío, debemos ponernos al abrigo de los grandes.

ROSAURA   Sí, sí.

ALFONSO   (*Lo abraza.*) Con este abrazo, querido Is-
               mael, te infundo valor y dignidad.

ISMAEL   Bien quisiera ser como tú; pero no puedo…
               Tú al menos tienes un Pardal en que refu-
               giarte con tu mujer y tus hijas. Para mi fa-
               milia y para mí no habrá ya más campo que
               el campo santo.

ROSAURA   (*Lo abraza.*) No me atormentes.

ISMAEL   Antes la muerte que la miseria degradante.

CLEMENTINA   No, no.

ROSAURA   No… Alfonso, por Dios, llévatelo contigo,
               distráelo.

ISMAEL   Saldremos a maldecir en medio de la calle;
               pero antes, dime, Alfonso, ¿sabes algo más
               de doña Juana?

ALFONSO   No nos ocupemos ya de esa señora.

CLEMENTINA   Considerémosla ya muerta y enterrada.

ALFONSO   Acaban de decirme que ha despedido a to-
               dos sus criados.

ROSAURA   Ahora me explico… Esta mañana noté en
               la casa cierta soledad.

ALFONSO	Me han asegurado que esta tarde a las cuatro, se firmará el convenio con el Banco General, y mañana la escritura de donaciones *inter vivos*.
ROSAURA	Allá se las haya.
CLEMENTINA	Ya ha comenzado el ajetreo de llenar baúles y embalar imágenes y muebles...
ALFONSO	Preparando el tránsito de la señora al convento de Medina de Pomar.
ISMAEL	(*Con amarga ironía, exaltándose otra vez.*) Y de allí al cielo, a un cielo empedrado de intenciones piadosas.
	(*Abatido, se sienta.*)
CLEMENTINA	Sosiégate, hermano querido.
ROSAURA	(*Acariciando a* ISMAEL, *que permanece taciturno.*) Marido mío, nosotros nos arreglamos muy bien en el cielo de nuestra casita.
ALFONSO	Traedle a los chiquillos, que alegrarán su espíritu.
CLEMENTINA	Sí, sí, voy por ellos.
ROSAURA	Están en el comedor. Dales alguna golosina y tráelos acá.

(*En la puerta del fondo aparece* Casandra. Clementina, *que se va hacia la derecha, se detiene asustada.*)

Clementina   ¡Ah! ¡Casandra!

Rosaura   Pasa, mujer.

(*Seguida de* Zenón, *entra* Casandra, *despacio. La blancura de su rostro, su ceño y su mirada, su rigidez escultórica, dan impresión de sorpresa y temor a las cuatro personas presentes. Viste traje sencillísimo, enteramente blanco.*)

Escena VII

Los mismos, CASANDRA *y* ZENÓN.

CASANDRA   Creí que estabas sola.

CLEMENTINA   Reunidos estamos aquí todos los tristes.
               (*Cariñosa.*) El destino nos ha igualado a to-
               dos en la desgracia. Sea usted bien venida,
               y reciba el homenaje de nuestra simpatía y
               nuestra compasión.

CASANDRA   (*Secamente.*) Gracias, señora.

ISMAEL   Compadezcamos para que nos compadez-
               can.

               (*Se va* CLEMENTINA *por la derecha.*)

ROSAURA   (*Acude a* Casandra.) Te mandé llamar. Te
               esperaba... Vente aquí.

               (*La lleva a la derecha del proscenio y se
               sientan juntas.* ZENÓN *pasa a la izquierda,
               donde están sentados* ISMAEL *y* ALFONSO, *y
               permanece en pie tras ellos.*)

ALFONSO   (*Aparte, a* ISMAEL *y* ZENÓN.) Su dolor le da una hermosura terrible.

ZENÓN   ¡Lástima de mujer!

ALFONSO   ¿Qué será de esta infeliz sin hombre y sin hijos?

ZENÓN   Para mí, que tiene un camino florido y brillante, puede hacerse actriz.

CASANDRA   ¿Para qué me has llamado?

ROSAURA   Te lo diré, pero has de prometerme tener juicio… Sabes que Rogelio al fin…

CASANDRA   Sí. Anoche su demencia ha sido espantosa. Esta mañana, muy temprano, sacó de paseo a los niños. (*Pausa, se miran las dos.*) No ha vuelto.

ROSAURA   Quizás tarde en volver. No te aflijas demasiado… Resígnate, como nos resignamos nosotros. (*Con dulzura.*) Todavía puedes… tu situación no es desesperada.

CASANDRA   (*Con gran viveza y energía.*) No me des cloroformo. Corta por donde quieras. Sé resistir el dolor por terrible que sea.

ROSAURA   Como sospechábamos, pasa Rogelio a formar nueva familia… conforme al testamento de don Hilario.

CASANDRA   Lo separan de mí.

ROSAURA   Para casarlo con una señorita de la familia…
                conforme al maldito testamento… Doña Jua-
                na quiere colocar a su predilecta, Casilda
                Nebrija, que es un coquito de santidad…
                Para coger al «leopardo vagabundo», como
                dice doña Juana, han armado una trampa
                con cebo de dos millones de pesetas.

CASANDRA   Pero él… parece que aún duda.

ROSAURA   Siento decirte, amiga del alma, que el leo-
                pardo no es digno de ti. (CASANDRA *perma-
                nece muda.*) ¿Qué piensas?

CASANDRA   Pienso que Rogelio, caiga o no caiga, nun-
                ca dejará de amarme.

ROSAURA   ¡Pero te abandona! ¿Eres capaz de conce-
                der tu cariño a un hombre semejante?

CASANDRA   No puedo querer a otro. Ni aun volviendo
                a nacer podría.

ROSAURA   ¿Y en su conducta no ves una traición vi-
                llana?

CASANDRA   Enamorada estoy de sus defectos. Vamos a
                otra cosa, Rosaura, ¿y mis hijos? ¿Qué hace
                de mis hijos esa mujer, que aquí reparte
                bienes y males, alegrías y dolores, paz y gue-
                rra, quitándole a Dios el cetro del mundo?

ROSAURA   Pues tus hijos… Doña Juana se encarga de su educación cristiana… Sospecha que no están bautizados.

CASANDRA   Lo están.

ROSAURA   Por si acaso, quiere repetir… Y los criará y educará, les dará carrera.

CASANDRA   ¿Lejos de mí?

ROSAURA   (*Después de una pausa, temerosa de decirlo.*) Así parece.

CASANDRA   Por la ley, ¿no debe encargarse de criarlos su padre, o yo, yo misma, aun siendo tan… deshonrada como doña Juana quiere que sea?

ROSAURA   (*Afligida.*) Doloroso es decírtelo… Comprenderás que… el hecho de acceder Rogelio a…

CASANDRA   A quitarme los cachorros… Ese hecho, según tú, todo lo justifica. ¿Sobre eso te habló doña Juana concretamente?

ROSAURA   No con toda claridad.

CASANDRA   Pues alguien tendrá que explicármelo.

ROSAURA   Rogelio.

CASANDRA   No… Ella, ella, que es quien arma las trampas y todo lo dispone. (*Clava los ojos en* ROSAURA.) ¿No crees que es ella…, ella la que debe decírmelo?

(*Cruza los brazos, frunce más el entrecejo, y permanece un rato mirando al suelo.*)

ALFONSO   (*En voz baja, en el grupo de la izquierda.*) Va tragando el acíbar con paciencia estoica.

ISMAEL   Me parece que tiene menos paciencia que nosotros.

ZENÓN   En su actitud veo yo la fiera que se recoge para dar el salto… Ea, ¿me dejáis profetizar?

ISMAEL   No, no profetices.

ALFONSO   Cállate ahora.

ROSAURA   (*Sobrecogida.*) ¿Qué piensas, amiga mía? (*Pausa.*) En otras cosas fue más explícita doña Juana.

CASANDRA   ¿En qué?

ROSAURA   (*Saca de su seno el sobre.*) Mira también por ti… Cuidará de ti… Al encargarme que te pusiera al tanto de sus resoluciones, me dijo que es obligación suya el ampararte.

CASANDRA   Y te ha dado una cantidad para que me la entregues. Con el dinero, con una sola llave, abre esa mujer piadosa las puertas del cielo para sí, para mí las del infierno.

ROSAURA   (*Cree notar en* CASANDRA *repugnancia del donativo.*) Cuando me dio esta comisión de entregarte el dinero, le dije que tú, quizá por dignidad, no querrías tomarlo.

CASANDRA   ¿Y a eso qué respondió?

ROSAURA   Pues dijo: «Ella no tiene dignidad; pero si la fingiera y no gustase de recibir dinero mío, vendrás a devolvérmelo».

CASANDRA   Pues… ajustándome a la idea de la santa, no tengo dignidad y tomo el dinero.

            (*Arrebata vivamente el sobre de manos de* ROSAURA.)

ROSAURA   Cuéntalo. Son diez mil pesetas.

CASANDRA   No me importa la cantidad.

            (*Lo guarda en su seno.*)

ROSAURA   Veo que te resignas, que tienes juicio y calma…

CASANDRA   Lo que yo no entendía cuando me hablaba esa mujer, ahora lo veo muy claro. Me amputa, me arroja. Puedo seguir ahora dos caminos, que para ella son carreras, como las que siguen los hombres: la carrera de mujer mala, o la de mujer arrepentida.

ROSAURA   Así es. Si vas por el camino del bien, y quieres abrazar vida religiosa, te facilitará cuanto para esa vida sea menester… Si te lanzas al mundo, no podrá seguirte más que con su compasión y el socorro de sus oraciones. (*Observa con atención el rostro de* CASANDRA; *mas en él solo ve una profunda concentración del pensamiento.*) Hay otro camino, Casandra, otra carrera…, y es que vivas de un honrado trabajo… Ya ves, con ese dinero podrás establecerte. Doña Juana me indicó que si adoptabas ese partido, seguiría socorriéndote… siempre que te establecieras fuera de Madrid y dieras garantías de moralidad intachable… (*Pausa.*) Esta solución me parece la mejor para ti… Yo que te quiero, que soy tu mejor amiga, puedo y debo aconsejarte…

CASANDRA   (*Con voz lúgubre.*) Tomaré consejo de mí misma. Mi dolor me ilumina.

(*Entra por la derecha* CLEMENTINA *con los chiquillos. Cada uno trae en la mano un pedazo de pan.*)

CLEMENTINA   Venid, nenes, a dar alegría y consuelo a vuestro papá.

CASANDRA   ¡Ah, tus niños! Déjame que los bese.

(*Le llevan los chiquillos. Los abraza.*)

ROSAURA   ¡Pobrecilla!… Por un instante figúrate que son los tuyos.

CASANDRA   Hijos míos, ¿dónde estáis?… Ya no os veré más.

(*La escena hasta fin del acto es muda.* CASANDRA *besa y acaricia a los dos niños, derramando sus lágrimas sobre las cabecitas de ellos.* ISMAEL, ALFONSO *y* ZENÓN *contemplan con viva emoción el tiernísimo cuadro. Los gemidos de* CASANDRA *son lo único que rompe el grave silencio.* ROSAURA *y* CLEMENTINA, *en pie tras ella, lloran también, el pañuelo en los ojos. Súbitamente se levanta* CASANDRA. *La expresión de la idea impulsiva que estalla en su pensamiento, y que hace vibrar todo su ser, queda encomendada al talento de la actriz. Lanzando un gruñido, sale con la velocidad del rayo por la puerta del fondo. Telón rápido.*)

Fin del Acto Tercero.

Acto Cuarto

La decoración del Acto Primero. En una mesa central con rico tapete están colocados y como expuestos diversos objetos de valor: alhajas en sus estuches, cubiertos y bandejas de plata, armas elegantes y arreos de caza, que fueron de don Hilario. Es de día. Al alzarse el telón da las tres el reloj de la casa.

Escena I

> Martina *está colocando en la mesa los objetos que regalará* Doña Juana. Cebrián *entra por la izquierda.*

Cebrián   (*Impaciente.*) ¡Las tres ya! Dese usted prisa, Martina. ¿Ya está todo aquí?

Martina   Véalo, señor. Alhajas, pedrería, plata, armas y arreos de caza que fueron de don Hilario. Contentos quedarán los parientes de la señora con los regalos que les hace al retirarse del mundo.

Cebrián   Como ella dice, se desprende hasta de las últimas raspaduras de su riqueza y las derrama en el campo de la vanidad… Ordénelo usted todo metódicamente para que la señora pueda hacer, sin fatiga, la lista de regalos.

Martina   Pongo aquí las alhajas, aquí la plata y demás.

Cebrián   Bien, bien. Y no se olvide, Martina, de bajar al sótano y dar prisa a los carpinteros para que activen el embalaje de imágenes y muebles.

MARTINA   La señora me ha mandado que lleve a los carpinteros unas copas de jerez para que se animen, ¡los pobres! Y puedan acabar todo en el día.

CEBRIÁN   Pero… que no se excedan en la bebida. ¡Cuidado! Que se contengan en los límites de la templanza; y usted, hija mía, no les dé cuerda en el charlar ocioso, que suele degenerar en conceptos impúdicos. ¡Cuidado!

MARTINA   ¡Señor, no diga! Buena soy yo para conversaciones que no sean el mismo comedimiento.

*

Escena II

Los mismos y DOÑA JUANA.

DOÑA JUANA   (*Llamando desde dentro.*) ¡Martina!…

CEBRIÁN   Aquí viene la señora.

DOÑA JUANA   (*Por la izquierda.*) Yo llamándote, y tú…

MARTINA   Ya tiene la señora bien ordenados los regalitos.

DOÑA JUANA   (*Viendo a* CEBRIÁN.) Don Francisco, ¿aún está usted aquí?

CEBRIÁN   Me voy ahora mismo, señora. A las cuatro en punto volveré con los del Banco General para ultimar el asunto.

DOÑA JUANA   (*Sentada en el sillón junto a la mesa.*) Aquí le espero. Rezaré un poquito, y haré la lista de los regalos.

    (*Coge de la mesa una carterita de señora y un lápiz y se dispone a hacer sus cuentas.*)

CEBRIÁN   ¿Tiene algo más que mandarme la señora?

DOÑA JUANA   Nada, mi buen amigo; aquí quedo ansiosa de mi descanso.

CEBRIÁN   Hasta luego, señora. (*Le besa la mano. Al dirigirse al fondo, llama por señas a* MARTINA. *Esta se acerca a él.*) Cierra por aquí. Como hay poca servidumbre, ten cuidado…

MARTINA   Váyase tranquilo, señor. (*Después que sale* CEBRIÁN *cierra por dentro y vuelve junto a* DOÑA JUANA.) ¿Quiere la señora que la acompañe?

DOÑA JUANA   No, mejor estoy sola. Vete a tus quehaceres.

MARTINA   Como hoy no tenemos cocinera, ¿quiere que vaya…?

(*Señala hacia la derecha.*)

DOÑA JUANA   Antes de ir a la cocina, vete a mi alcoba y ve poniendo en los baúles la ropa que apartamos.

MARTINA   *Bien.*

(*Se dirige hacia la izquierda.*)

DOÑA JUANA   Otra cosa. No olvides lo que te mandé. A ver si esos hombres concluyen hoy.

MARTINA   Sí señora, sí.

(*Se va por la izquierda.*)

Escena III

DOÑA JUANA y *después* CASANDRA.

DOÑA JUANA   (*Apuntando en la carterita.*) Para Rosaura, la sortija de perlitas y esmeraldas… Docena de cubiertos para Ventura Nebrija… Los pendientes de rubíes para la hija mayor de Clementina… Para Beatriz, los de zafiros… (*Fatigada, suelta el lápiz.*) ¡Cómo me hastían estos cuidados menudos de la vida temporal! (*Ávida del manjar místico, abre un libro de rezos y lee.*) «Levántate, ¡oh alma que me visitas!… Abandona tus riquezas, que aquí estoy para enriquecerte de gracias… Date prisa; llégate a mí; no temas mi majestad… eres *mi amiga*, no enemiga; eres mi *hermosa* porque mi gracia te ha embellecido… Ven acá, abrázate conmigo, y pídeme cuanto quisieres con toda confianza». (*Súbitamente, requiere la lista.*) Otro esfuerzo, y arrojaré el último puñado de estas porquerías. Los dos solitarios, a Clementina. La tercera bandeja de plata, ¿para quién será? Para Cayetana. A Casilda Nebrija dejaré el collar de perlas. Bien se lo merece la pobre… Las armas y los arreos de caza, ¿a quién se los doy?…

(*Con hastío, deseando acabar.*) Ea, sean todos para Alfonso, y así concluyo de una vez. (*Escribe dos palabras y suelta con alegría el lápiz.*) ¡Ay, gracias a Dios, ya acabé! Ya estoy libre; ya eché lejos de mí la última de estas menudencias, bagatelas frívolas con que sueñan los niños grandes. Todo lo doy, todo quiero entregarlo. Soy pobre, quiero serlo… ¡qué alegría inefable! Mis riquezas caudalosas, que para nada me sirven, pronto volverán al legítimo dueño de todo, que sabrá despojarlas de su original vileza y aplicarlas al bien de las almas. (*Entreabre* Casandra *la puerta de la derecha; asoma la cabeza, el busto explorando la estancia.*) La mía, ¡oh mi Dios amante y misericordioso!, te da infinitas gracias por haberme inspirado esta resolución. (*Avanza* Casandra *pasito a paso.*) Monarca de los cielos y de la tierra, dale a tu esclava humildes alas para volar hacia ti. (Casandra *retrocede hacia la puerta para cerrarla. El ligero ruido que esto hace llega al oído de* Doña Juana.) ¡Martina! (*Alarga el cuello, creyendo que es la criada quien entra.* Casandra *avanza lentamente.*) ¿Ocurre algo? (Casandra *se detiene mirandola.* Doña Juana *la reconoce.*) ¡Ah!…

Casandra   No es Martina, soy yo.

Doña Juana   Casandra… (*Con ligero temor.*) ¿Cómo has llegado aquí? ¿No había nadie en el jardín?

CASANDRA	Nadie… Entré por la puerta de servicio.
DOÑA JUANA	Pero… yo no te he llamado.
CASANDRA	Hay ocasiones en la vida, señora, en que es forzoso venir aunque a una no la llamen.
DOÑA JUANA	Ya… vienes aquí después de hablar con Rosaura.
CASANDRA	He hablado con Rosaura. Me ha dicho lo que usted le mandó…
DOÑA JUANA	Yo le encargué que te lo dijese con dulzura, procurando no herirte.
CASANDRA	Ha cumplido el encargo con dulzura infinita.
DOÑA JUANA	Un poco duro ha sido, pobrecilla… Pero has de conformarte con la voluntad de Dios… ¿Vienes resignada?
CASANDRA	Vengo convencida.
DOÑA JUANA	Yo… he procedido conforme a mi conciencia, oído el parecer de personas sabias, que no podían engañarse ni engañarme… Y aún no me has dicho si Rosaura te entregó…
CASANDRA	Sí, el dinero…

(*Saca de su seno el sobre. Pausa. Alarga lentamente la mano con el sobre hacia* DOÑA JUANA.)

DOÑA JUANA ¿Qué? ¿No aceptas? ¿Crees que te ofendo? Ese rasgo de dignidad, con apariencia de gallardía, no viene al caso… Podría parecer un poquito afectado, artificioso… (CASANDRA *alarga más la mano, sin decir nada.*) ¿Pero… de veras… no aceptas? Aunque no fuera más que por gratitud…

CASANDRA No es eso, señora. Acepto y agradezco. Pero es que… (*Encuentra una idea.*) Como he de estar errante algún tiempo… yo le ruego que me guarde ese dinero.

DOÑA JUANA ¿Hasta cuándo?

(*Sin quitar los ojos del rostro de* CASANDRA, *coge el sobre.*)

CASANDRA Hasta que venga yo a pedírselo.

DOÑA JUANA (*Se tranquiliza.*) ¡Ah! Eso es otra cosa. (*Después de examinar el contenido del sobre lo deja sobre la mesita.*) ¿Y has dicho que vivirás errante? ¡Qué locura! Pobre mujer, ¿por qué no adoptas vida tranquila y resignada, de pura honestidad y modestia?

CASANDRA No podré, señora. (*Con siniestra ironía.*) Soy muy mala. La perversidad me dio el ser… Bien conoció usted mi condición maligna… Yo quería fingir… hacerme pasar por buena, pero no me valió el disimulo… no la pude engañar a usted.

DOÑA JUANA   (*Sin comprender la cruel ironía.*) Hija mía, un arrepentimiento sincero ya sabes lo que vale. Proponte ser buena… Acércate… Yo te aleccionaré…, yo te enseñaré los caminos para llegar a Dios… Ven, hablaremos, siéntate.

CASANDRA   (*Secamente, sin desclavar de ella los ojos.*) Estoy mejor de pie.

DOÑA JUANA   (*Desalentada y otra vez recelosa.*) ¡Con qué desdén orgulloso rechazas mi mediación para salvarte!

CASANDRA   Soy orgullosa, sí señora.

DOÑA JUANA   Pues ya que no seas bastante humilde para entrar en vida religiosa, ten el orgullo de ser una mujer oscura y honrada. Con ese dinero podrás establecerte. Me ha dicho Rosaura que eres hábil para los trabajos de modas y sombreros.

CASANDRA   Algo entiendo de eso y de otras cosas, pero no quiero establecerme.

DOÑA JUANA   Pues entonces, si no te arrepientes ni piensas trabajar, ¿qué consejo vienes a pedirme, qué buscas? Dímelo pronto.

CASANDRA   (*Empieza con mucha calma su conminación.*) He venido… he venido para pedir cuentas a la mujer santa de la conducta que ha observado conmigo, que no soy santa, pero soy mártir de usted… (*Gradualmente llega al tono iracundo.*) Quiero decírselo, y arrojarle al rostro toda mi amargura.

DOÑA JUANA   (*Con alarma súbita.*) ¿Qué dices, desgraciada?

CASANDRA   Verdades diré que usted no ha oído nunca. No es justo que usted se muera sin oír otras voces que las de la adulación y la mentira.

DOÑA JUANA   Vete pronto. Sal de aquí.

CASANDRA   Calma. No me iré tan pronto. Tenga usted paciencia. Virtud primera de los santos es la paciencia.

DOÑA JUANA   (*Llamando.*) ¡Martina! (*Intenta levantarse.*) ¿Pero no hay nadie en esta casa? ¡Martina!

(*Vuelve a caer en el sillón.*)

CASANDRA   No hay nadie. Dios la deja a usted sola; Dios la abandona a usted a la justicia, que ahora soy yo.

DOÑA JUANA   Sal de aquí, te digo.

CASANDRA   (*Impetuosa, elocuente.*) Mujer idiota y perversa, vengo a pedirte cuenta del mal que me has hecho, y a devolvértelo con mi odio, que es por lo menos tan respetable como tu falsa santidad.

DOÑA JUANA   (*Abrumada.*) ¡Jesús, Jesús!

CASANDRA   (*Se acerca a ella hasta ponerle cerca de los ojos las manos, que acentúan vivamente la imprecación.*) Yo soy la más ofendida por tu maldad. Yo, pobre mujer que no te hice ningún daño, que merecía más que ninguna tu protección y tus consejos. A todos ofendiste, a todos lastimaste, y a mí me has arrancado el corazón, porque yo esperaba de ti que legalizaras mi unión con el hombre que amo… Era tu deber, tu conciencia te lo dictaba… ¿Pero a qué hablar de conciencia? Alma llena de telarañas, voluntad cruel y sin amor, me has robado mi único bien, porque yo he dado a Rogelio mi vida, y sin él no hay para mí paz ni alegría, ni puede haber virtud.

DOÑA JUANA   (*Balbuciente.*) Rogelio… un perdido… Yo no lo quiero, no lo quiero… Esto que se ha hecho con él es… por cumplir voluntades de su padre…, mi marido…, que dispuso…, ya lo sabes. Si Rogelio consiente, pídele cuentas a él…, a ese loco…

CASANDRA   A ese loco, yo con mi cariño y mis cuidados lo dominaba, lo corregía. Yo frené su imaginación desbordada; yo iba trocando sus defectos en virtudes... ¡Y esta obra de piedad y de amor has destruido tú con malas artes, con la hechicería de tu infame riqueza! A él le has hecho peor de lo que era, y en mí has encendido las llamas del infierno.

DOÑA JUANA A él lo mejoro, y a ti, rebelde y descreída, te dejo en lo que eres: una mala mujer.

CASANDRA   Yo he sido y soy una mujer buena... A la calle me arrojas. Si yo me pervirtiera, mis malas acciones serían virtudes en ti, monstruo de hipocresía y de crueldad.

DOÑA JUANA ¡Virgen santa, Jesús mío!... (*Llamando.*) ¡Martina!...

CASANDRA   No llames...; no te oirán. Dios ha ensordecido las paredes de tu casa, y a tus sirvientes y al mundo entero, para que no acudan a ti... Dios está conmigo.

DOÑA JUANA (*Furiosa.*) ¡Mentira!... ¡Mujerzuela!... ¡Sacrílega!

CASANDRA   Aunque tu voz clame como mil truenos, no te oirán. Aunque extremes tus ridículas devociones, no engañarás a Dios. (*La coge de un brazo y la sacude violentamente.*) ¡A Dios no lo engañas tú, miserable!

DOÑA JUANA   (*Aterrada, vencida por el miedo.*) ¡Oh!… no quise ofenderte… perdóname.

CASANDRA   ¿Para qué invoca el perdón quien no tiene ni chispa de cristiandad en su corazón resecado por la santurronería? Para ti no hay piedad, ni es justo que la haya. Has hecho mucho mal, has trastornado las conciencias de tus parientes, engañándoles con promesas falaces; me has robado mis amores, y todo esto has de pagarlo.

DOÑA JUANA   (*Con terror supersticioso.*) Diablo…, diablo que me atormentas, vete…, déjame.

                 (*Se santigua; murmura una oración, elevando los ojos.*)

CASANDRA   No me voy, porque aún tengo algo que decirte y tu que responderme. No te dejo sin que me digas qué has hecho de mis hijos. ¿Dónde están? ¿Me los has quitado para devolvérmelos? Si es así y los tienes en tu casa, ordena que me los entreguen… pero al instante.

DOÑA JUANA   (*Con torpe lengua sobreponiendo la terquedad al miedo.*) No puede ser… Esa pobres criaturas… ¡Oh, no! Sus tiernas almas a tu lado se perderían para siempre. Es mi deber, es mi gloria apartarlas de ti… y criarlas para Dios.

CASANDRA   (*Apretando los puños.*) No, no irán mis niños
                 a ese limbo de tu falsa santidad, ni a ningu-
                 na clase de educación irán sin su madre. ¿Es-
                 tán aquí? Dámelos, dámelos pronto.

DOÑA JUANA   (*Atontada, medrosa.*) ¿Yo?… Yo no. Píde-
                 los a Rogelio. Él te los dará, si quiere.

CASANDRA   Cierto que Rogelio los sacó de mi casa pre-
                 textando llevarlos de paseo; pero lo hizo
                 por instigación tuya. Con tu dinero maldi-
                 to lo has corrompido y lo has cegado, lo
                 has traído a la maquinación de casarlo con
                 otra mujer, y de llevarse a mis hijos… A él,
                 no, a él, que tan solo ha sido un instrumen-
                 to de tu hipocresía, no tengo que pedirle
                 las criaturas que me ha robado; a él no, sino
                 a ti, que con extraña mano has cometido
                 este crimen… La infamia no es tanto del
                 que la ejecuta como del que la compra.

DOÑA JUANA   ¡A él… a mí, no!

CASANDRA   A ti, a ti los pido. Son mis hijos, de mis en-
                 trañas nacidos, no de las tuyas estériles.

DOÑA JUANA   De tus entrañas de pecado nacieron. Hijos
                 tuyos son… No puedo asegurar que sean
                 hijos de Rogelio.

CASANDRA   (*Su indignación llega al delirio.*) ¡Ah, víbo-
                 ra!… Me robas, y encima me ultrajas… Es-
                 pérate… llegó tu hora.

(*Con mirada rapidísima y ágiles manos, busca un arma sobre las mesas, llenas de objetos diferentes. Encuentra un cuchillo de fino puño damasquinado. Lo coge.*)

DOÑA JUANA   (*Temblando.*) ¿Qué haces?

CASANDRA   ¡Matarte!… He venido con la resolución de matarte si no me devolvías a mis hijos.

DOÑA JUANA   Casandra…, mujer…

CASANDRA   (*Frente a ella, en actitud arrogante y trágica.*) Si no estás preparada, preparate pronto, arregla brevemente tus cuentas con Dios.

DOÑA JUANA   (*En el colmo del terror.*) No estoy preparada, no… no. Tu presencia ha despertado en mi el pecado de la ira.

CASANDRA   Pues deséchalo pronto. A los condenados a muerte se les concede espacio para el arrepentimiento. Yo te lo concedo, condenada. Soy menos dura que tú.

DOÑA JUANA   (*Preparando un quiebro para esquivar el golpe.*) ¡Morir! No podrás matarme… Dios no lo consentirá…

CASANDRA   Si ha consentido tus crímenes, ¿cómo no consentir este? Pronto… mis hijos o la muerte.

DOÑA JUANA   Muerte, no… Tus hijos, tampoco.

(*Huye.*)

CASANDRA   (*Corre tras ella; alcánzala detrás del sillón.*) Muere, santa de caña y de hielo. Dios te dará lo que mereces.

(*La hiere.*)

DOÑA JUANA   ¡Ay! ¡Misericordia!…

(*Cae, expira.*)

CASANDRA   (*Arroja el cuchillo.*) ¡Monstruo, ya no harás más daño en el mundo que te crió! (*Examina el cadáver.*) No respira, no tiene sangre. Su veneno no es rojo. (*Se mira las manos y la ropa.*) Nada… su veneno no me ha manchado.

(*Entran precipitadamente por la derecha* MARTINA y CEBRIÁN.)

Escena IV

CASANDRA, MARTINA y CEBRIÁN.

CEBRIÁN   (*Presagiando el atentado.*) ¿Qué hace usted
               aquí?

MARTINA   (*Ve el cuerpo de* DOÑA JUANA; *corre hacia
               ella.*) ¡La señora…, la señora…!

CEBRIÁN   (*Acude rápidamente.*) ¡Desmayada!

CASANDRA   Desmayada, no: muerta… (*Con bárbara en-
               tereza.*) ¡He matado a la hidra que asolaba
               la tierra!… ¡Respira, humanidad!

               (*Telón.*)

               Fin del drama.

Esta primera edición de *Casandra*,
de Benito Pérez Galdóz, terminó de imprimirse
en marzo de dos mil veinticinco,
en Madrid.